きちんとおいしく作れる漬け物

舘野真知子

成美堂出版

はじめに

「今日のきゅうり、漬かり具合はどう？」「お母さんの古漬けさえあればおかずはいらないよね！」台所でこんな会話が交わされる、農業を生業とする家で私は育ちました。

漬け物は塩を利用した食材の保存法ですが、発酵することによって栄養価が高くなり、深い味わいとうまみを作り出します。これこそが漬け物の大きな魅力。不思議なことに漬け物は作るたびに味の違いを感じます。でも、どれも正解！　それぞれの家の味があって当たり前、というおおらかさが私が発酵食品を好きな理由でもあります。基本は野菜と塩。そして大気中に漂う微生物の力をお借りして、時間がおいしくしてくれる究極のスローフードです。

この本では特別な道具がなくても、マンション暮らしでも、気軽に作れる漬け物をご紹介しています。伝統的な漬け方から現代的なレシピまで１２９品。四季折々の食材を集めて1年間かけて撮影しました。あなたの食卓を豊かにするお手伝いができますように、と願いを込めて！

舘野真知子

きちんとおいしく作れる漬け物

CONTENTS

1章 きちんと作る定番漬け

2章 昔ながらのふるさと漬け

3章 すぐに食べたい即席漬け

春

夏

秋

れんこんの甘酢漬け　126
れんこんの粒マスタード漬け　126
れんこんのピリ辛漬け　126
コリンキーのカリカリ漬け　128
コリンキーときゅうりの塩昆布漬け　129
きのこのしょうゆ漬け　130
きのこのオイル漬け　130

冬

柚子大根　132
大根のビール漬け　132
大根のみそ漬け　133
紅白柚子なます　133
干し大根の巻き漬け　134
白菜の柚子塩麹漬け　135
ラーパーツァイ　135
かぶのアチャール　136
かぶのごま漬け　136
小松菜のうまみ漬け　137
水菜のわさび風味漬け　137

漬けて作る、自家製調味料

実山椒漬け3種　138
柚子こしょう　140
青唐辛子のナンプラー漬け　142
刻み塩レモン　142
にんにくのみそ漬け　143

COLUMN

新しょうがで作る、ジンジャーシロップ　53
ドイツの漬け物、ザワークラウト　68
ザワークラウト、紫キャベツのザワークラウト
ぶどう農家の漬け物小屋　94
大根のぶどう漬け、大根の生ぶどう漬け

この本の使い方

材料

- 計量スプーンは小さじ1＝5㎖、大さじ1＝15㎖、1カップ＝200㎖です。
- 材料の分量は家庭で扱いやすく、失敗しにくい「漬けやすい分量」です。漬け込み期間が長いもの、材料の出回り期が短いものは、長期間にわたって食べることを想定し、量が多めになっています。反対に即席漬けなどは数回で食べきれる量です。
- 正味とは、野菜の皮やヘタ、種などを除いた後の実際に「漬ける分量」を指します。
- 調味料の%は材料の重さに対しての割合なので、材料の重さが違っても割合は同じです。
- 特に指定がない場合は、粗塩は天然塩、しょうゆは濃口しょうゆ、砂糖は上白糖を使っています。調味料については12〜13ページを参照してください。

必要な道具

- 漬け込む容器や袋、重し、材料の下ごしらえなどに使う道具です。清潔な容器や新品の袋を使ってください。包丁や鍋、ボウル、ラップなど、通常の調理に使う道具は省いています。

漬け込み

- 漬け物として食べられる最短の漬け時間です。半日は12時間を意味し、ひと晩と同じです。諸条件によって味は変わるので、ひとつの目安と考えてください。常温におく場合は冷暗所(日光が当たらず、温度が一定で涼しい場所)、たとえば玄関や北側の部屋が適しています。

保存

- 味や食感など、その漬け物をおいしく食べられる期間です。保存中は容器か袋に入れ、漬け汁があるものはそれに浸っている状態を保ちます。

野菜別さくいん

あ

か

さ

味別(漬け床別)さくいん

漬け込むときに使う調味料の量で区別していますが、味は全体のバランスのため、必ずしもその味が強く出るとは限りません。

漬け物作りの道具

漬けるときに必要な容器や袋などの種類はレシピ中に記載してあります。

＊漬け込み用の保存容器

材料の分量、漬け込み期間、保存場所に合わせて適したものを選びます。塩や酸に強い材質、出し入れしやすい形、ふたがあることが基本条件です。

漬け物樽

プラスチック製の樽は塩や酸に強く、ホーロータンクよりも軽くて取り扱いが楽。厚手のポリ袋を敷き込んで漬けるとにおいもれが防げる。

ホーロータンク

塩や酸に強いホーロー製で寸胴形のタンクは出し入れがしやすい。梅干し(→p.16)や白菜漬け(→p.54)、たくあん(→p.72)など、量が多くて漬け込み期間が長い漬け物に最適。キズがつくとサビが出るので金属たわしは避ける。本書の分量で使いやすいサイズは容量7ℓと10ℓ。

ホーロー容器

冷蔵庫で漬け込む、または漬け込み後に冷蔵保存するときに向く。ぬか漬け(→p.38)やおから漬け(→p.82)はホーロー容器を漬け床にする。

保存びん・密閉びん

新しょうが漬け(→p.48)など液体の多い漬け物に向く。中の様子がわかるので、発酵状態をチェックする必要のあるらっきょう漬けにも最適。特ににおいの強い漬け物は、密閉びんがおすすめ。熱くした漬け汁を注ぐ場合は耐熱ガラス製かどうか確認する。

＊保存袋

厚手のポリ袋以外は、基本的に使いやすいものを選んでください。

マチ付き保存袋

マチがあって自立する厚手のジッパー付き保存袋は、保存びんのように使える。

ポリ袋

保存期間が短い即席漬けや、野菜の水分を抜くための下漬けに向く。ふって塩をまぶしたり、もんだりするので、漬ける分量より大きめのサイズ(26×38cm)で厚手(0.03㎜〜)のものが使いやすい。

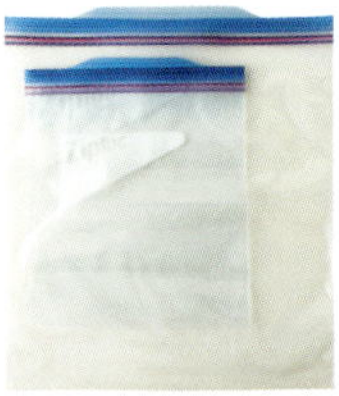

ジッパーつき保存袋

少ない量で漬け込み時間が短く、塩や酸が弱い漬け物に向く。調味料が少なくても袋の上からもんでゆきわたらせることができる。耐久性や液もれを考えると、ストック用の薄手より冷凍用の厚手の袋がおすすめ。

容器の消毒

数か月漬けてしっかり発酵させるものは、雑菌の繁殖を抑えるためにアルコール分35%以上のホワイトリカーや焼酎で容器を消毒してから使います。材料に直接ふれる中ぶたや重し、ふたも忘れずに。ホワイトリカーをペーパータオルに含ませて中をふくか、少量を容器に入れて全体にゆきわたらせてから捨てます。

消毒だけに使うなら200mℓ入りの焼酎(アルコール分35%)で足りる。

厚手のポリ袋

ホーロータンクや漬け物樽、ダンボール箱に敷き込む大判のポリ袋は、厚手(0.04mm)の漬け物用を使うと、液もれやにおいもれの心配が少ない。

*はかり

漬け物は材料に対しての塩分や糖分の割合が重要ですから、計量は正確にします。2kg以上は体重計で量りましょう。「正味」と書いてあるのは、野菜の皮や種、ヘタなどを除いた、実際に漬ける分量です。

*重し

重しをかけると野菜の水分が早く抜け、材料の表面が水で覆われて保存性がよくなります。レシピに記載されている重量の重しを使うか、塩袋や水を入れたペットボトルでも代用できます。

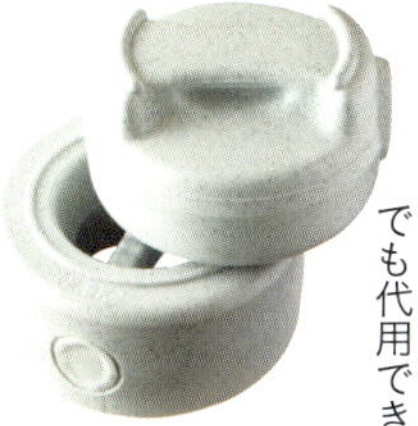

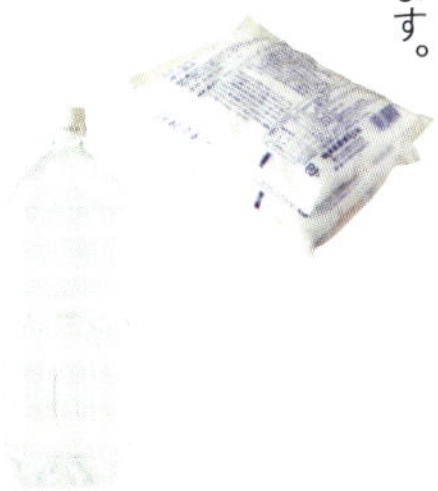

*中ぶた

重しの重量を材料に均等にかけるために使い、押しぶた、落としぶたとも呼ばれます。容器の直径より1～2cm小さいサイズが使いやすく、なければ平皿で代用します。

*ざる

野菜の水きりや天日干しに盆ざる(上)を使います。毎日室内に取り込む梅干しは土用干し用の大きなざる(下)が便利。

*干しかご

切った野菜を干したり、切り干し大根を作るときは、風で飛ばされないように干しかごがあると安心です。

漬け汁を作る小鍋

酢の割合が多い漬け汁を煮立てるときは、酸に弱いアルミ製の鍋は避け、ホーローかステンレスの小鍋を使いましょう。

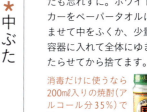

漬け物作りの調味料

味わいを決める重要な材料ですから、製法や品質、味にこだわって選びましょう。発酵調味料は伝統製法で熟成させたものがおすすめ。写真は舘野さん愛用の調味料です。

★粗塩《あらじお》

この本の塩はすべて粗塩を使用しています。粗塩とは精製された食塩ではなく、海水や岩塩などから作られた塩の総称。ミネラルを多く含み、まろやかな味わいが特徴です。下漬け用の塩は価格重視で、漬け込み用の塩は味わい重視で選ぶといいでしょう。

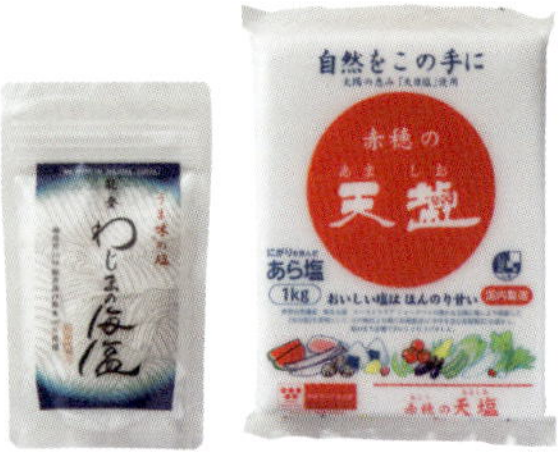

★砂糖

塩と同様に腐敗を防いで保存性を高めるとともに、水分を保持する作用があるため漬け物がしっとり仕上がります。基本は上白糖（「砂糖」と表記）ですが、コクを出したいときはきび砂糖を、スッキリした甘みをつけたいときはグラニュー糖を使います。

★しょうゆ

この本ではごく一部の漬け物にはうす口しょうゆを使いますが、ほとんどは濃口しょうゆ（「しょうゆ」と表記）です。濃口しょうゆは14・5%の塩分を含み、漬け物に香りとうまみを与えます。

★酢

酢は酸味を与えるだけでなく保存性を高める働きがあるため、この本では酢漬けでない多くの漬け物にも使っています。基本は酸味がまろやかな米酢（「酢」と表記）を使います。

★みそ

この本で使っているみそは10か月熟成させた米みそで、塩分は約12・5％です。麦みそや豆みそは塩分が低いため、使うときは塩分をやや多めに調整してください。

★本みりん

みりんには本みりん、みりん風調味料、発酵調味料の3種類がありますが、おすすめは伝統製法でじっくり発酵熟成させた本みりん(「本みりん」と表記)。自然な甘みとうまみがあります。

★酒粕

清酒を搾った残りが酒粕です。たいへん風味がよいため、昔から粕漬け(→p.102、106)や小なすのからし漬け(→p.117)に使われています。板粕とペースト状の練り粕があります。

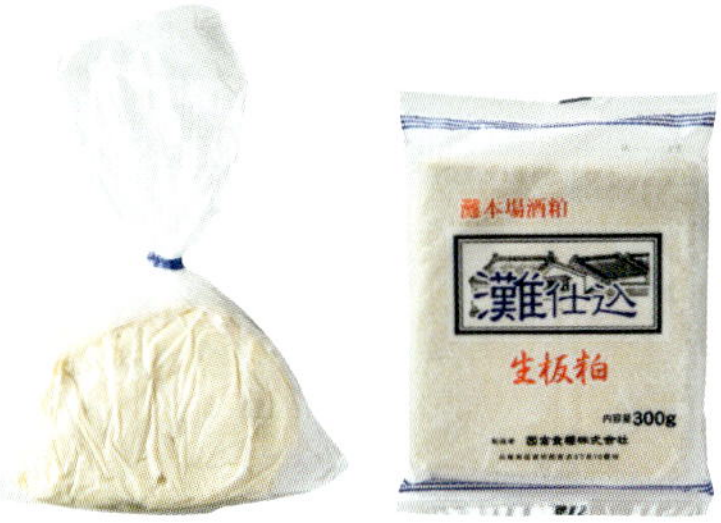

★米麹

三五八漬け(→p.80)やべったら漬け(→p.84)は米麹の麹菌を利用した漬け物です。また塩麹を作るのにも米麹は必要。乾燥した米麹(写真)と生の米麹があり、漬け物によって使い分けます。

★昆布

昆布は漬け物にうまみととろりとした食感を与えます。その典型が千枚漬け(→p.90)。また、発酵するのを待たない即席漬けは昆布で味の補強をします。

★赤唐辛子

昔からぬか漬け(→p.38)や白菜漬け(→p.54)に干した赤唐辛子を入れるのは、虫よけのためでした。この本では味のバランスを引き締めるために赤唐辛子をよく使います。種は辛いので必ず除き、特に辛くしたいものには輪切りを使います。

1章

きちんと作る定番漬け

梅干し、らっきょう、白菜、キムチ……
どれも人気のある定番の漬け物です。
「手塩《てしお》」にかけるという言葉があるように
手間をかけて作ったわが家の漬け物は
ひと味もふた味も違います。

梅漬け

梅干し

はじめてでも漬けやすく、保存性もよい、塩分17%の梅干しです。黄色く熟した梅を使い、赤じそを加えて色づけします。

梅干し作りのスケジュール

6月上旬〜下旬
塩漬け

完熟した梅に塩をまぶし、重しをして漬け込む。数日〜1週間おくと梅酢(透明な液体)がしみ出てくる。

6月下旬〜7月上旬
赤じそ漬け

＊白干し梅は不要

赤じそに塩をふり、よくもんでアク抜きする。梅酢を加えて発色させ、塩漬けが終わった梅に加える。

7月下旬〜8月上旬
土用干し

梅雨が明けたら、梅をざるに並べて3日間、日に当てる。赤じそ漬けも一緒に干して乾かす。

梅の選び方

6月から出回り始める、熟して黄色く色づいた梅を使います。青梅で作ると仕上がりがかたくなるため、青梅は必ず「追熟」させてから使います。大粒品種の南高(右ページの梅干しは南高梅を使用)や白加賀、藤五郎は皮が薄くて果肉が厚く、梅干しに適しています。品種には地域性があるので地元で手に入りやすい梅を選ぶのもよいでしょう。

梅は熟すにつれて緑色から黄色へと変わる。黄色く熟せば、赤い部分の有無は気にしなくてよい。

キズ梅は避ける

傷ついた梅を使うと梅干しが傷む原因になるため、漬ける前に1個ずつ確認して除きます。はじいた梅は傷の部分を切り取り、みそ漬け(→P.25)などに利用できます。

皮が裂けていたり、当たってやわらかくなった箇所があるもの、黒い斑点がたくさんあるものは避ける。

梅の追《つい》熟《じゅく》

青梅しか手に入らないときは、ざるに並べるか段ボール箱に入れ、日の当たる窓辺などに置きます。数日たって黄色く熟すことを「追熟」といいます。条件によってはすぐ熟すこともあるので、毎日チェックしましょう。

白《しら》干《ぼ》し梅

赤じそを加えずに塩漬けを土用干しして作る、梅の色そのままの梅干し。塩抜きしてはちみつ漬けにすることもできます(→p.23)

【6月上旬～下旬】

塩漬け

保存性と低塩分を両立させた
塩分17％の漬け方。
昔ながらの手法を守りながら
現代風にヘルシーに。

材料

完熟梅…2kg
粗塩…340g
（梅の重さの17％）
ホワイトリカー
（アルコール分35％）
…100mℓ

必要な道具▶ホーロータンク（7ℓ）、竹串、厚手のポリ袋、中ぶた、重し（4kg）

漬け込み▶冷暗所で1週間～10日間

準備

ペーパータオルにホワイトリカー（分量外）を含ませ、容器をふく。梅のアクが気になるときは、水に2～3時間浸けておく。

漬け方

1
梅は傷をつけないようにため水で洗い、ペーパータオルで水分を取る。

2
竹串でなり口を取り除く。洗う前に取るとそこに水分が入りやすいので、洗ったあとに取る。

3
梅を大きめのバットやボウルに入れてホワイトリカーを回しかけ、やさしく混ぜて梅にまぶす。

4
塩ひとつかみをふって全体にまぶす。特になり口にしっかり塩をつける。

5
容器の底に塩ひとつかみをふり、梅を1段きっちり並べ、塩、梅の順に交互に入れ、最後に残った塩をふる。

6
ホコリよけにポリ袋をかぶせ、中ぶた（または皿）を落としぶたにし、重しをする。梅酢が上がり始めるまでの3日ほどは、1日1回容器をゆする。

7
1週間～10日間たち、写真のように梅酢が梅の上まで上がるのを待つ。

白干し梅の場合

梅酢が梅の上まで上がったら、重しを半分に減らし、梅雨が明けるまで玄関などの冷暗所におく。梅酢が多い場合は梅のすぐ上までを残して取り出し、保存する（→p.20）

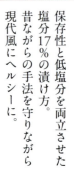

【6月下旬～7月上旬】

赤じそ漬け

塩漬けの梅酢が上がったら
赤じそを加えるタイミング。
赤じそはアクが強いので、
しっかり塩もみしてアクを抜きます。
＊白干し梅の場合はこの工程は不要

材料

赤じそ…(正味)400g
粗塩…80g
(赤じその重さの20%)
梅酢(または米酢)…50mℓ

必要な道具▶バットまたはボウル、手袋、中ぶた、厚手のポリ袋、重し(2kg)

漬け込み▶冷暗所で1か月

漬け方

1
赤じそは枝ごと洗って水けをふり落とし、茎(葉柄《ようへい》)の付け根から葉を切り、広げてざっと乾かす。

2
手袋をし、赤じそをバットかボウルに入れて塩の1/4量をふる。塩をまぶし、しんなりするまで押すようにもむ。

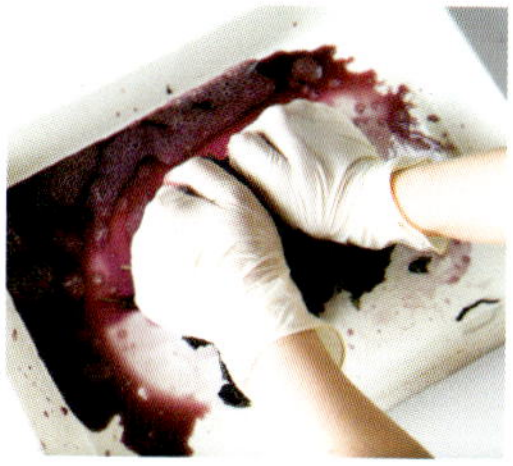

3
アクを含んだ汁が写真くらいの量になったら両手でかたく絞り、バットの汁を捨てる。

4
再び塩の1/4量を加えてよくもみ、汁を絞る作業を2回繰り返す。

5
残りの塩を加えてもみ、汁がクリアな紫色になったらかたく絞る。

6
ボウルに移して梅酢を加え、よくもんで梅酢に色を移す。酢の働きで色が鮮やかになる。

7
右ページの漬け方7の梅酢が上がった梅に6の梅酢を加え、赤じそで表面をおおう。

8
ポリ袋をかぶせて中ぶたをのせ、重しを半分に減らし、梅雨が明けるまで冷暗所におく。

【7月下旬～8月上旬】

土用干し

梅雨が明けたら、梅干し作りも最終段階です。1か月漬けた梅が真っ赤に染まった頃、3日間晴天が続きそうな日をねらって干します。

必要な道具▶干しざる(竹製かプラスチック製)、梅酢用の保存びん(1ℓ)、保存容器(1.5ℓ)

天日干し▶3日

保存▶冷暗所で1か月～お好みで

干し方

1

19ページの梅を取り出し(白干し梅の場合は18ページ)、赤じそは梅酢を絞って取り出す。残った梅酢は容器に移す。

2

ざるに間隔を空けて梅を並べ、脇に赤じそものせ、風通しのよい場所で1日4～5時間、3日間日光に当てる。ざるは台やイスにのせて下からも風が通るようにするとよい。夕方になったら取り込む。

3

2日目、3日目は梅を梅酢にくぐらせてから干すとしっとりする。形よく仕上げるには、途中で何回か天地を返すこと。

4

3日間干した後、さわって表面が乾いていたら容器に移す。

保存する

清潔な容器(ガラスや焼きものなど塩や酸に強い材質)に梅を入れ、赤じそ適量も加え、冷暗所で保存します。すぐにでも食べられますが酸味が強いので、1か月以上おいてから食べるといいでしょう。

しっとりした梅干しが好みなら、梅が浸るくらいの梅酢を加えて保存すると、しっとりやわらかく仕上がる。

熟成期間

好みに合わせて熟成させます。2～3年寝かせると熟成が進み、塩けと酸味がまろやかに。毎年少しずつ取り分けておき、食べ比べてみるのも楽しいでしょう。

上から、漬けたばかりのもの、3年もの、7年もの、10年もの。10年たつと塩や酸の角がなくなり、うまみのかたまりになる。

赤じそ

干した赤じそはフードミルやすり鉢で粉末状にし、ご飯やすし飯、あえものにかけたり、ドレッシングやクッキーに混ぜて使う。

梅酢

梅酢はびんに入れ、4～5時間、日光に当てて消毒してから冷暗所で保存する。赤梅酢は日に当てると色が鮮やかになる。

梅干しの袋漬け

材料

塩漬け

- 完熟梅…1kg
- 粗塩…梅の重さの17%(170g)
- ホワイトリカー(アルコール分35%)…50㎖

赤じそ漬け

- 赤じそ…200g
- 粗塩…40g
- 梅酢(または米酢)…大さじ2

必要な道具▶保存袋、竹串、重し(2kg、1kg)、トレー、保存容器(800㎖)

漬け込み▶冷暗所で1週間〜10日間

保存▶冷暗所で半年

漬け方

1　梅は傷をつけないようにため水で洗い、ペーパータオルで水分を取る。竹串でなり口を取り除き、梅をホワイトリカーにくぐらせ、塩を全体にまぶす。特になり口にしっかり塩をつけ(→P.18の漬け方1〜4)、袋に入れる。

2　バットに入れて平らにし、2kgの重し(1kgの塩袋2個で代用できる)をする。梅酢が上がるまでの3日間は1日1回全体をゆする。梅が浸るくらいの量の梅酢が出るまで、1週間〜10日間漬ける。

3　赤じそを塩もみしてアク抜きをし、梅酢を加えてもんだ後、2に加える(→p.19)。

4　再びバットに入れて1kgの重し(1kgの塩袋で代用できる)をし、1か月ほど漬ける(写真a)。

5　梅を取り出し、赤じそは梅酢を絞って取り出す。

6　ざるだと汁がたれるので、トレーにクッキングシートを敷いて間隔を空けて梅を並べ、脇に赤じそものせ、日の当たる窓際に1日4〜5時間おく(写真b)。3日間、日に当てたら容器に移し、冷暗所で保存する。

梅1キロを
ジッパー付きの保存袋で漬け、
室内で干す手軽な漬け方。
天日干しより水分が残るので、
やわらかな口当たりになります。
梅干し用に加工された
市販の赤じそを使うとさらに簡単。

a

b

ARRANGE

梅干しは"使える調味料"です

酸味や塩け、さわやかな香り、美しい色合い……。梅干しや梅酢は
料理をおいしくすると同時に、梅の抗菌作用で保存性を高め、
酸味は食欲増進や疲労回復に効果があります。

梅干しを入れてご飯を炊く

梅じゃこご飯

米2合に梅干し(大)1½個を加えて炊くとさっぱりした味になり、保存性もよくなる。ちりめんじゃこ、ゆでた枝豆、白いりごまを混ぜて。

いわしのくさみ消しに

いわしの梅煮

煮汁にしょうがと人数分の梅干しを加え、煮立ったらいわしを加えて煮る。梅干しの効果でいわしの生臭みがやわらぐ。

蒸し暑くて食欲のない日に

梅そうめん

冷たいつゆのぶっかけそうめんにささ身の酒蒸し、ゆでオクラ、ねぎ、青じそ、梅干しを加え、梅干しをくずして食べる。

ピンク色のすし飯

梅酢のサラダちらし

赤梅酢3、砂糖1の割合で混ぜたすし酢で赤いすし飯を作り、ツナやいり卵、きゅうりの塩もみ、塩昆布などを混ぜる。

白干し梅を
塩抜きしてから
はちみつに漬けます。
とろりとやわらかな
口当たりで
甘じょっぱさが魅力。
お茶うけにも最適です。

梅のはちみつ漬け

材料

白干し梅(→P.17)…500g
はちみつ…500g
水…250g

必要な道具▶保存びん(1ℓ)
漬け込み▶冷蔵2週間
保存▶冷蔵3か月

漬け方

1
白干し梅をたっぷりの水(分量外)に浸け、12時間ほどおいて塩抜きする。

2
鍋にはちみつと分量の水を入れ、ひと煮立ちさせてはちみつを溶かし、冷ます。

3
水けをふいた**1**をびんに入れて**2**を注ぐ。冷蔵庫に2週間おくと味がなじむ。

完熟梅を塩麹に漬けて
1か月待つだけ。
そのまま食べるのはもちろん、
刻んで野菜に混ぜれば
おいしいあえものに。

梅の塩麹漬け

●材料

完熟梅…200g
塩麹…300g（梅の重さの150％）

必要な道具	▶保存びん（500mℓ）、竹串
漬け込み	▶冷蔵1か月
保存	▶冷蔵半年

●漬け方

1
梅は傷をつけないようにため水で洗い、ペーパータオルで水分を取る。竹串でなり口を取り除く。

2
容器に梅を入れて塩麹をかける（写真a）。

3
冷蔵庫に1か月おく。漬け上がりは梅から水分が出る（写真b）。

a

b

甘めのみそに完熟梅を漬けた、やさしい味わい。梅肉とみそを豆腐にのせた冷ややっこなど料理にも役立ちます。

梅のみそ漬け

材料

完熟梅…150g
みそ…150g
きび砂糖…75g

必要な道具▶保存容器(500mℓ)、竹串
漬け込み▶冷蔵1か月
保存▶冷蔵半年

漬け方

1
梅は傷をつけないようにため水で洗い、ペーパータオルで水分を取る。竹串でなり口を取り除く。

2
みそときび砂糖を混ぜ合わせ、容器の底に半量を敷いて梅を入れ、残りを塗りつける(写真a)。

3
冷蔵庫に1か月おく。漬け上がると梅から水分が出る(写真b)。
＊みそが残ったら調味料として使える。

a

b

割り梅の甘露漬け

梅を割ってから漬けると
漬け時間がぐっと短縮されます。
カリカリした食感で
あと引きのおいしさ。

材料

青梅…500g
粗塩…梅の重さ(正味)の5%
グラニュー糖…350g
りんご酢…大さじ1

必要な道具▶保存びん(1ℓ)、竹串、まな板2枚
漬け込み▶冷蔵10日
保存▶冷蔵半年

漬け方

1
梅は水で洗ってペーパータオルで水分を取り、なり口を竹串で取り除く。

2
縦にぐるりと一周、切り目を入れる。

3
まな板2枚にはさんでグッと押して梅を割り、スプーンで種を取り出す。梅の重さを量り、その5%の塩を計量する。

4
割った梅をボウルに入れて塩をまぶす。ラップを密着させ、水を入れたボウルを重し代わりにのせ、1時間ほどおく。

5
しみ出た汁をきり、殺菌のためにりんご酢をまぶす。

6
びんに梅とグラニュー糖を交互に入れ、冷蔵庫に10日ほどおく。

7
途中で容器をゆすってグラニュー糖を梅にからめる。

8
漬け上がりは梅の水分が抜けてかなり小さくなる。漬け汁は甘酢などに活用できる。

青梅の種のしょうゆ漬け

作り方

青梅の種は捨てずに梅じょうゆを作りましょう。種の倍量のしょうゆに冷暗所で2週間ほど漬けると、酸味がさわやかなおいしい調味料になります。保存は冷蔵で3か月ほど。

割り梅の赤じそ巻き

割り梅を赤じそで包んだ美しい漬け物。梅のカリカリ感とグラニュー糖のすっきりした甘みが特徴です。

5
葉を広げて残りの塩をふり、破らないようにもみ、巻いて絞る。

6
バットをきれいにして葉を広げ、梅酢をかけて発色させる。

7
梅は「割り梅の甘露漬け」(→p.27)の漬け方1～3を参照し、割って種を除き、それぞれを縦半分に切る。梅の重さを量り、グラニュー糖と塩を計量する。

8
汁をきった6の葉の茎元に梅2切れずつをのせ、ひと巻きしてから両端をたたんで巻く。

9
容器に並べてグラニュー糖と塩をふり、ラップを密着させ、重し(塩袋を使うと手軽)をして冷蔵庫で1か月おく。

材料

青梅…300g(約15個)
グラニュー糖…梅の重さ(正味)の50%
粗塩…梅の重さ(正味)の3%
赤じそ漬け
- 赤じその葉…15g(約30枚)
- 塩…3g(赤じその重さの20%)
- 水…50mℓ
- 梅酢(または米酢)…50mℓ

必要な道具▶バット2枚、手袋、まな板2枚、保存容器、重し(500～600g)

漬け込み▶冷蔵1か月

保存▶冷蔵3か月

漬け方

1
赤じそ漬けを作る。葉は洗って水けをきり、茎(葉柄《ようへい》)を切る。葉の半量をバットに入れて塩の1/3量をふる。

2
水の半量をかけ、残りの赤じそをのせ、残りの塩の1/2量、水の順にかける。

3
ラップを密着させ、水(分量外)を入れたバットを重し代わりにのせ、2時間ほどおく。

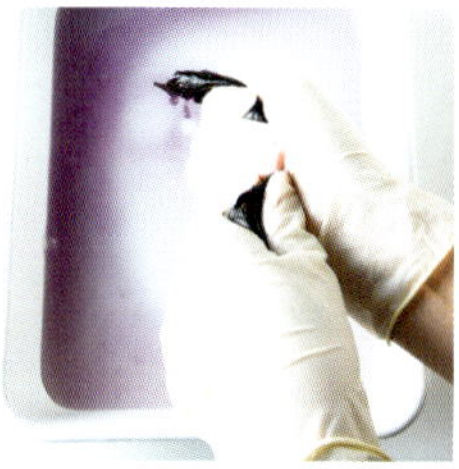

4
手袋をし、葉を押してアクを含んだ汁を押し出し、葉を巻いて絞る。

小梅のカリカリ漬け

未熟なかたい小梅が手に入ったら
カリカリ梅を作りましょう。
卵の殻のカルシウムの働きも
重要なポイントです。

材料

青小梅…1kg
粗塩…120g
（梅の重さの12％）
ホワイトリカー
（アルコール分35％）
…100mℓ
卵の殻…15g
梅酢または米酢…150mℓ
赤じそ漬け（赤く染めたい場合のみ）
赤じそ…200g
粗塩…40g
梅酢（または米酢）…30mℓ

必要な道具▶ポリ袋、竹串、お茶パック、保存びん（1.5ℓ、500mℓ）、手袋

漬け込み▶冷暗所で1週間、冷蔵1週間

保存▶冷蔵3か月（冷蔵するとカリカリ感が保てます）

準備

梅はたっぷりの水に1時間ほど浸けてアク抜きをする。

卵の殻を1時間ほど天日干しにして薄皮をむき、細かく砕いてお茶パックに詰める。鍋に梅酢とお茶パックを入れ、ひと煮立ちさせて冷ます。

漬け方

1
ペーパータオルで梅の水けをふき、竹串でなり口を取り除く。

2
ボウルに入れ、カビ予防のためにホワイトリカーをまぶす。

3
汁けをきってポリ袋に入れ、塩を加えてゴリゴリと転がしてもむ。表面に傷をつけて梅の追熟を止めると、やわらかくなりにくい。

4
塩がほぼ溶けるまでもんだら、大きめのびんに梅を移す。

5
卵の殻を煮出した梅酢を**4**で空いたポリ袋に注ぎ、残った塩をすすいで**4**のびんに加える。

6
ポリ袋を二重にして梅の上にのせ、重し代わりに水1ℓ（梅の重さと同量）を袋に注いで口を閉じ、冷暗所で1週間ほどおく。ときどきびんを傾けて水分をゆきわたらせる。

7
赤じそ漬け（→p.19）の漬け方**1**〜**6**と同様にして赤じそを塩もみし、梅酢をかけて発色させる。
＊赤く染めない場合はこの作業は不要。

8
6の梅を小さめのびんに移し、汁を絞った**7**を加えて冷蔵庫で1週間ほどおく。残った**7**の梅酢は保存びんに移して利用する。

小梅のしょうゆ漬け

昆布のうまみが効いた、
ご飯によく合うしょうゆ漬け。
1週間で食べられるのが魅力です。

甘小梅漬け

漬け込み時間は重しをして1週間、
はずして1週間。
塩と砂糖の脱水作用で
シワシワになった小梅が何とも美味。

小梅の塩麹漬け

同量の小梅と塩麹を混ぜて
1週間漬けるだけ。
カリカリ感はなくなりますが、
味がなじんで別のおいしさに。

甘小梅漬け

材料

青小梅…300g
ホワイトリカー
（アルコール分35％）…30mℓ
粗塩…50g
砂糖…120g

必要な道具▶保存びん（1ℓ）、竹串、ポリ袋
漬け込み▶冷暗所で2週間
保存▶冷蔵半年

準備

梅はたっぷりの水に1時間ほど浸けてアク抜きをする。

漬け方

1　ペーパータオルで梅の水けをふき、竹串でなり口を取り除く。
2　ボウルに梅を入れてホワイトリカーをまぶし、塩と砂糖を加えてからめる。
3　びんに2を移し、ポリ袋を二重にして入れ、重し代わりに水300mℓ（梅の重さと同量）を注いで袋の口を閉じ、冷暗所に1週間ほどおく。
4　ときどき容器を傾けて水分をゆきわたらせ、梅酢が梅をおおうくらいになったら重しをはずし、さらに冷暗所に1週間ほどおく。

小梅のしょうゆ漬け

材料

青小梅…200g
しょうゆ…200g
昆布（5cm角）…1枚

必要な道具▶保存びん（500mℓ）、竹串
漬け込み▶冷暗所で1週間
保存▶冷蔵半年

準備

梅はたっぷりの水に1時間ほど浸けてアク抜きをする。

漬け方

1　ペーパータオルで梅の水けをふき、竹串でなり口を取り除く。
2　びんに梅、しょうゆ、昆布を入れ、冷暗所に1週間ほどおく。ときどきびんを傾けてしょうゆをゆきわたらせる。

小梅の塩麹漬け

材料

青小梅…200g
塩麹…200g

必要な道具▶保存びん（500mℓ）、竹串
漬け込み▶冷暗所で1週間
保存▶冷蔵半年

準備

梅はたっぷりの水に1時間ほど浸けてアク抜きをする。

漬け方

1　ペーパータオルで梅の水けをふき、竹串でなり口を取り除く。
2　びんに梅と塩麹を入れ、冷暗所に1週間ほどおく。ときどきびんを傾けて塩麹をゆきわたらせる。

＊3品とも漬け汁は調味料として使える。

漬けたては小梅に調味料がやっとかかるくらいだが、漬け上がると右ページのように小梅がしぼみ、水分が多くなる。

梅仕事

梅雨から初夏にかけて、
梅の出回り期は年に1回だけ。
旬の味を長く楽しむために、
梅干しや梅酒、梅シロップなどを作ることを
梅仕事といいます。

旬は待ってはくれないから、
このチャンスを逃さずに手を動かしましょう。

梅の持つ自然な酸味は
夏をのりきる力になってくれます。

甘さ控えめのあっさりした梅酒です。
半年ほどで飲めますが、
寝かせるほどまろやかになります。
梅を漬けたままにすると梅酒が濁るので、
1年ほどしてエキスが出きった頃に
取り出します。

梅酒

材料

青梅…500g
氷砂糖…250g
ホワイトリカー
（アルコール分35％）…900mℓ

必要な道具▶密閉びん（1.5ℓ）、竹串
漬け込み▶冷暗所で半年
保存▶冷暗所で半年〜お好みで

準備

びんにホワイトリカー（分量外）を少量入れ、ふたをして全体にゆきわたらせて消毒し、捨てる。

漬け方

a

b

1
梅は水で洗って水けをふき、竹串でなり口を取り除く。なり口に水けが残っていたらペーパータオルで除く（写真a）。

2
びんに梅と氷砂糖を入れてホワイトリカーを注ぐ（写真b）。

3
冷暗所に半年以上おき、梅が完全に沈めば飲み頃。時間とともに熟成された味になる。

冷水やソーダで割るとすっきりしておいしい青梅のシロップ。室温が高いと発酵しやすいのでりんご酢を加えて抑制します。

赤じその風味と鮮やかな色を抽出したジュースは、割ってドリンクに、デザートやかき氷にも使えます。

梅シロップ

材料

青梅…1kg
氷砂糖…1kg
りんご酢…100mℓ

必要な道具▶保存びん(1.5ℓ)、竹串

漬け込み▶冷暗所で1か月

保存▶冷蔵1年

準備

ペーパータオルにホワイトリカー(アルコール分35%、材料外)を含ませ、びんとふたをふく。

漬け方

1　梅は水で洗って水けをふき、竹串でなり口を取り除く。

2　びんに、梅、氷砂糖の順に交互に入れ、最後は氷砂糖でおおってりんご酢を注ぐ。

3　日の当たらない場所におき、氷砂糖が溶けるまで、ときどきびんを傾けて混ぜる。発酵して泡が出たときは、ふたを開けてガス抜きする。1か月たったら梅を取り除き、冷蔵庫で保存する。

赤じそジュース

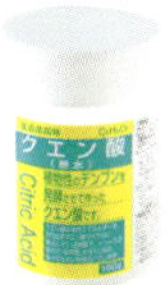

食品用のクエン酸は薬局で買える。

材料

赤じその葉…300g
水…1ℓ
グラニュー糖…500g
クエン酸…15g(またはりんご酢…100mℓ)

必要な道具▶保存びん(1ℓ)

保存▶冷蔵3か月

a

b

作り方

1
赤じそは洗って水けをきる。

2
鍋に分量の水を入れて沸かし、赤じそを加える。葉が緑色になるまで煮出し、ペーパータオルを敷いたざるでこす(写真a)。

3
グラニュー糖を加えてよく溶かし、クエン酸を混ぜる(写真b)。冷めたら保存びんに移し、冷蔵する。

ぬか漬け

冷蔵庫に置けるサイズで管理しやすく、
はじめてでも作りやすいぬか床レシピ。
最初に捨て漬けをして
ぬか床をならしてからスタートします。

材料

いりぬか…1kg
水…1.2ℓ
粗塩…140g（ぬかの重さの13～14％）
昆布（5cm角）…1枚
しょうが（薄切り）…2枚
赤唐辛子…2本
煮干し…4本
干ししいたけ…2枚
捨て漬け用の端野菜…適量

必要な道具▶保存容器（3.2ℓ）
漬け込み▶冷暗所で捨て漬け約2週間、冷蔵で本漬け1日～
保存▶冷蔵

漬け方

ぬか床を作る

1
鍋に分量の水を入れて沸かし、塩を加えて溶かしたら冷ます。

2
容器にぬかと1の半量ずつを入れてよく混ぜ、残りを加えて混ぜる。

3
うまみの素になる昆布、しょうが、種を除いた赤唐辛子、頭と内臓をちぎった煮干し、ざっと割った干ししいたけを加えて混ぜる。

捨て漬け

4
大根、キャベツ、にんじんの端や皮など（150～200g）を加えて平らにならし、ふたをする。2～3日冷暗所におき、夏は1日2回、冬は1日1回かき混ぜる。野菜の水分や酵素がぬか床の発酵を促す。

5
漬けた端野菜を取り出し、新たな端野菜を加えて4～5日冷暗所におく。これを2～3回繰り返すと発酵が進み、ぬか床ができ上がる。

本漬け

6
きゅうりやなすは塩をまぶして漬けると色鮮やかになり、味のなじみもよい。取り出した野菜についたぬかはぬぐって容器に戻す。

7
出し入れが終わったら平らにならし、容器の縁についたぬかはぬぐっておくと衛生的。ふたをして冷蔵庫で保存する。

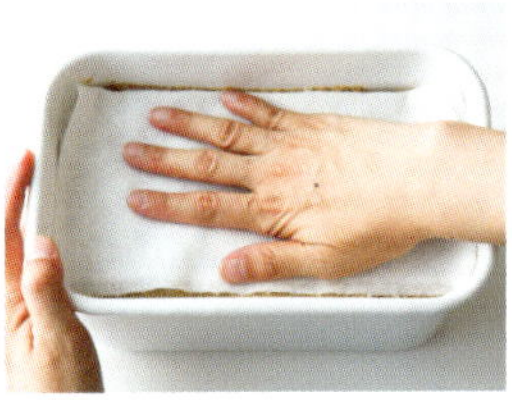

★手入れ
野菜の水分でぬか床が水っぽくなったら、表面にペーパータオルを当てて水分を吸い取る。

漬け方

浅漬け、古漬けというように漬け具合は好みだが、実野菜は1～2日間、根菜は2～3日間が目安。漬けるほど酸味が強くなる。

きゅうり……両端を切って塩をまぶし、2日間漬ける。
なす…………縦半分に切って塩をまぶし、2日間漬ける。
セロリ………筋を取り、2日間漬ける。
ミニトマト…ヘタを取り、1～2日間漬ける。
みょうが……半分に切るか丸のまま、2日間漬ける。
にんじん……皮をむいて縦2～4等分し、2～3日間漬ける。
大根…………皮をむいて縦2～4等分し、2～3日間漬ける。

★ぬか
米ぬかには生ぬかといりぬかがある。生ぬかの場合は弱火で香ばしくいり、冷ましてから使う。

ぬか漬け Q&A

Q1 毎日かき混ぜないとダメですか？

A 冷蔵庫の低温下では発酵がゆるやかなので、毎日でなくても大丈夫。週に1回は天地を返すようにかき混ぜましょう。その際、数時間常温におくと発酵菌が活発になり、味わいが深まります。

Q2 酸っぱくなった

A 原因は発酵の進みすぎです。粉がらしを大さじ1〜2加えると発酵が抑えられます。

Q3 塩辛くなった

A ぬかと水を足すか、または本漬けを中止し、キャベツや白菜の軸などの端野菜を捨て漬けにし、塩分を吸収させてから再開します。

Q4 表面にカビのようなものが

A 表面に出る白いものは酵母菌ですが、気になるなら取り除きます。もし赤や青、黒いカビが出たら、その下2㎝くらいのぬかごと取り除き、新しいぬかとその10％程度の粗塩を混ぜます。

Q5 接着剤のような異臭がします

A かき混ぜるのが足りないと、アルコール発酵酵母が発生して臭いがします。一度冷凍すると臭いを抑えることができます。

Q6 ぬか床が少なくなりました

A 使っていくうちにぬか床の量は減ります。足すときは、いりぬか1カップに対して水½カップ、塩大さじ1の割合で混ぜてから加えましょう。

ぬか床から出したばかりのみずみずしいぬか漬け。手作りすれば、旬の野菜がおいしく食べられる。

Q7 長期に使わないときは

A 冬や不在時など数か月使わないときは、野菜を取り出して表面をならし、粗塩を厚く敷きます。冬なら常温、春〜秋は冷蔵庫で休ませ、再開するときに塩とその下1〜2㎝のぬかを取り除きます。または保存袋に移して冷凍するのもおすすめです。

ARRANGE
古漬けチーズディップ

細かく刻んだ古漬けをクリームチーズと練り合わせ、パンや野菜につける。粗びきこしょうを効かせてもいい。

ARRANGE
かくや

漬かりすぎた古漬けを刻み、さっと塩出ししてしょうゆと酒をかける。江戸時代初期から親しまれている一品。

らっきょう漬け

らっきょうの塩漬け

出回り期が短いらっきょうは、時期を逃さず漬けたいもの。まず塩漬けにしておけば、どんな味にもアレンジできます。

縦にスライスしてしょうゆと削り節を混ぜると美味。

●材料

らっきょう…1kg*(正味)
粗塩…100g
水…500mℓ

*根や先端、皮を除くと20〜30％減るので、1.4kgほど用意する。

必要な道具▶密閉びん(4ℓ)

漬け込み▶冷暗所で2週間

保存▶冷蔵半年〜1年

●漬け方

下ごしらえ

1
らっきょうはたっぷりの水(分量外)に浸け、ひと粒ずつにばらしながら泥を洗う。ざるに上げ、乾くまで陰干しするか室内で乾かす。

2
根をぎりぎりのところで切り落とす。切り口が大きいと漬け上がりがやわらかくなるので、なるべく小さくする。

3
先端の筋っぽくてかたい部分を切り落とす。

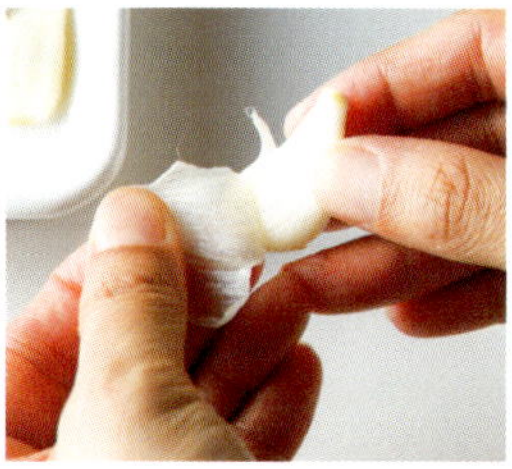

4
外側の皮を1枚むく。傷んでいたらその箇所を除くのではなく、必ずもうひと皮むく。

塩水に漬ける

5
鍋に分量の水と塩を入れて沸騰させ、冷ます。

6
びんに**4**を入れて**5**を注ぎ、2週間ほど冷暗所におく。

★ガス抜き
発酵中は泡が立ったり、漬け汁が濁ることもあるが大丈夫。ときどきふたを開けてガス抜きをするとよい。

塩抜きする

食べる分を取り出し、たっぷりの水に浸けて4〜5時間かけて塩抜きをする。

●すぐ漬けられないときは

そのままだとすぐ発芽してしまうので、10％の塩水に浸けて冷蔵すると発芽しない。風味が落ちないうちに3日間以内に漬ける。

★らっきょうの選び方
5月〜6月が出回り期。ふっくらした形で緑色の芽が出ていない、泥付きを選ぶ。傷があったり薄皮がむけているものは避ける。

塩漬けらっきょうを
塩抜きして作るので、
2週間で
食べられます。
本みりんときび砂糖の
コクのある甘みが
魅力。
ピクルスのような
さわやかさの秘密は、
りんご酢とはちみつ。
たっぷりの
せん切りしょうがと
らっきょうが
よく合います。

はちみつジンジャーらっきょう

材料

らっきょうの塩漬け（→p.43）…300g
しょうが（せん切り）…50g
A りんご酢…100mℓ
　 はちみつ…45g
砂糖…30g

必要な道具▶密閉びん（800mℓ）

漬け込み▶冷蔵2週間

保存▶冷蔵半年

漬け方

1
らっきょうの塩漬けはたっぷりの水に4〜5時間浸けて塩抜きする。

2
Aは混ぜ合わせる（写真a）。

3
水けをよくきった1をびんに入れ、しょうがをのせて2を注ぐ（写真b）。冷蔵庫に2週間ほどおき、ときどきゆすって味をなじませる。

らっきょうの甘じょうゆ漬け

材料

らっきょうの塩漬け（→p.43）…300g
しょうゆ…100mℓ
本みりん…100mℓ
酒…50mℓ
きび砂糖…大さじ1
昆布（5cm角）…1枚
赤唐辛子（種を除く）…1本

必要な道具▶密閉びん（800mℓ）

漬け込み▶冷蔵2週間

保存▶冷蔵半年

漬け方

1
らっきょうの塩漬けはたっぷりの水に4〜5時間浸けて塩抜きする（写真a）。

2
残りの材料をすべて鍋に入れて沸騰させ、冷ます。

3
水けをよくきった1をびんに入れ、2を注ぐ（写真b）。冷蔵庫に2週間ほどおき、ときどきゆすって味をなじませる。

ピリッと刺激的な辛みは麻婆豆腐でおなじみの中国山椒です。刻んで冷ややっこにのせると絶品おつまみに。

梅干し作りの副産物、赤梅酢で、らっきょうに美しい色と梅風味を加えます。刻んで薬味にすると華やかです。

らっきょうの赤梅酢漬け

材料

らっきょうの塩漬け(→p.43)…300g
赤梅酢(なければ白梅酢。→p.20)…100mℓ
水…100mℓ
砂糖…60g

必要な道具▶密閉びん(800mℓ)
漬け込み▶冷蔵2週間
保存▶冷蔵半年

a

b

漬け方

1
らっきょうの塩漬けはたっぷりの水に4〜5時間浸けて塩抜きする。

2
水けをよくきった1をびんに入れて赤梅酢を注ぐ。

3
水、砂糖を加えて、ふって砂糖を溶かす(写真a)。冷蔵庫に2週間ほどおき、ときどきゆすって味をなじませる(写真b)。

らっきょうの山椒じょうゆ漬け

材料

らっきょうの塩漬け(→p.43)…300g
A 酢…100mℓ
　うす口しょうゆ…75mℓ
　きび砂糖…50g
赤唐辛子(種を除く)…1本
花椒(中国山椒)…小さじ1

必要な道具▶密閉びん(800mℓ)
漬け込み▶冷蔵1週間
保存▶冷蔵半年

漬け方

1
らっきょうの塩漬けはたっぷりの水に4〜5時間浸けて塩抜きする。

2
鍋にAを入れて沸騰させ、冷ます。

3
水けをよくきった1をびんに入れ、種を除いた赤唐辛子、花椒をのせ、2を注ぐ(写真)。冷蔵庫に1週間ほどおき、ときどきゆすって味をなじませる。

直漬け 甘酢らっきょう

人気の高い甘酢漬けを短期間に作るならこのレシピ。生のらっきょうをゆでて直に甘酢に漬けます。ゆでて水分を減らすと漬かりが早く、1か月で食べられます。

甘酢らっきょう

こちらは昔ながらの漬け方。
塩漬けらっきょうを塩抜きしてから
甘酢に漬け直します。

●材料

らっきょうの塩漬け(→p.43)…400g

A 酢…200mℓ
　砂糖…100g

赤唐辛子(種を除く)…1本

必要な道具▶密閉びん(1ℓ)

漬け込み▶冷暗所で2〜3週間

保存▶冷蔵半年

●漬け方

1　らっきょうの塩漬けはたっぷりの水に4〜5時間浸けて塩抜きする。

2　鍋にAを入れて沸騰させ、冷ます。

3　水けをきった**1**、赤唐辛子をびんに入れ、**2**を注ぎ、2〜3週間おく。

ARRANGE

らっきょうタルタル

刻んだ甘酢らっきょうとゆで卵、マスタード、塩をマヨネーズに混ぜるとおいしいタルタルソースになる。

●材料

らっきょう…500g*(正味)

甘酢

　酢…200mℓ
　水…100mℓ
　砂糖…100g
　粗塩…大さじ$1\frac{1}{2}$
　赤唐辛子(種を除く)…1本

*根や先端、皮を除くと20〜30%減るので、700gほど用意する。

必要な道具▶密閉びん(1ℓ)

漬け込み▶冷暗所で1か月

保存▶冷暗所で1年(夏は冷蔵)

●漬け方

下ごしらえ

1
らっきょうはたっぷりの水に浸け、ひと粒ずつにばらして泥を洗い、ざるに上げる。

2
根と先端のかたい部分を切り落とし、外側の皮を一枚むく。傷んでいたらその箇所を除くのではなく、必ずもうひと皮むく。

甘酢に漬ける

3
鍋に甘酢の材料を入れて沸騰させ、冷ます。

4
別の鍋に湯をたっぷり沸かし、**2**を入れて10秒ゆで、ざるに上げる。

5
びんに**4**を入れて**3**を注ぎ、1か月ほど冷暗所におく。

新しょうが漬け

甘酢しょうが

すしの「ガリ」でおなじみの甘酢漬け。みずみずしい新しょうがが出回る初夏に作りおくと、カレーの薬味や付け合わせなどに重宝します。

材料

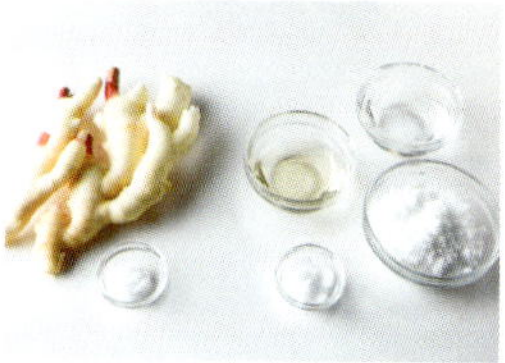

新しょうが…400g
粗塩…小さじ1
甘酢
- 酢…200mℓ
- 水…200mℓ
- 砂糖…100g
- 粗塩…小さじ2

必要な道具▶保存びん(1ℓ)
漬け込み▶冷暗所で半日
保存▶冷蔵半年

漬け方

下ごしらえ

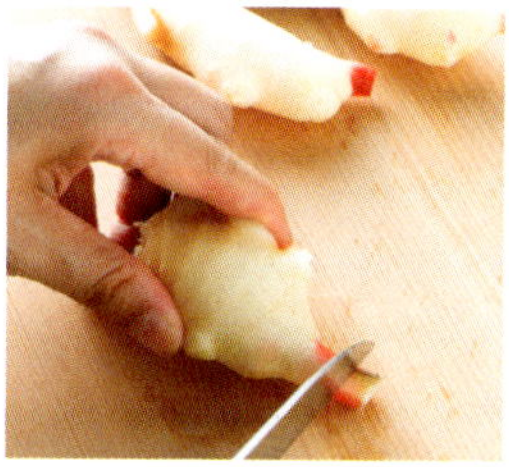

1
新しょうがは節ごとに割り、赤い部分を残して先端を少し切る。

2
皮の茶色いところをスプーンで薄くこそげる。赤い部分は残しておく。

3
繊維に沿って薄切りにし、10分ほど水にさらす。スライサーを使ってもよい。

甘酢に漬ける

4
鍋に湯を沸かして**3**を入れ、ふたたび沸騰したら1分間ゆで、ざるに上げる。
●根しょうがで作るなら、3分ほどゆでて辛みをよく抜く。

5
熱いうちに塩をまぶし、冷めたらもんで水けを絞り、びんに入れる。

6
鍋に甘酢の材料を入れて沸騰させ、**5**に注いで冷暗所に半日おく。酢の働きで節の赤い部分から色が出てうっすらピンクに染まる。

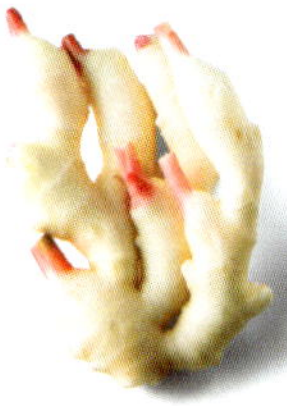

★新しょうがの選び方
初夏、収穫後にすぐ出荷されるのが新しょうが。みずみずしく赤い部分が鮮やかなものを選ぶ。通年出回っている根しょうがは収穫後に貯蔵して熟成させたもの。

ARRANGE
甘酢しょうがのいり卵

ごま油を熱し、味つけした溶き卵を流し、細切りにした甘酢しょうがを加えて半熟のいり卵にする。

新しょうがの昆布酢漬け

昆布茶の塩分とうまみを利用した、
半日でできる手軽な酢漬け。
箸休めや薬味、あえものにも使えます。

材料

新しょうが…300g
粗塩…小さじ2
昆布酢
　酢…200mℓ
　水…100mℓ
　昆布茶…大さじ1
　きび砂糖…大さじ3

必要な道具▶保存びん(800mℓ)

漬け込み▶冷暗所で半日

保存▶冷蔵半年

a

b

漬け方

1
新しょうがは下ごしらえ(→p.49・1、2)をし、繊維に沿って薄切りにしてから6〜8mm角の棒状に切り、10分ほど水にさらす。

2
鍋に湯を沸かして**1**を入れ、ふたたび沸騰したら2分間ゆでる。ざるに上げ、熱いうちに塩をまぶし、冷めたらもんで水けを絞り、びんに入れる。

3
鍋に昆布酢の材料を入れて沸騰させ、きび砂糖を溶かす(写真a)。熱いうちに**2**に注ぎ(写真b)、半日おく。

しょうががしんなりして、かぶるくらいの水分が上がる。

新しょうがのはちみつ漬け

はちみつをかけて3日待てばでき上がり。
トーストやヨーグルトに添えたり、
炭酸水やお湯で割ってドリンクに。

材料

新しょうが…100g
はちみつ…200g

必要な道具▶保存びん(500mℓ)

漬け込み▶冷暗所で3日

保存▶冷蔵半年

漬け方

1
新しょうがは下ごしらえ(→p.49・1、2)をし、繊維に沿ってスライサーで薄切りにする。

2
びんに**1**を入れてはちみつを注ぎ(写真)、3日おく。

ゆずの皮を浮かべてホットジンジャーハニーに。

すぐに水分が出てきて味がなじむ。漬け汁もおいしい。

梅酢の紅しょうが

市販品の紅しょうがほど赤くはなりませんが、
むしろ赤梅酢の自然な色合いが家庭向き。
かたまりでも同じように漬けられます。

材料

新しょうが…200g
粗塩…6g
グラニュー糖…小さじ1
赤梅酢…100mℓ

必要な道具▶保存容器(300mℓ)
漬け込み▶冷暗所で半日〜2週間
保存▶冷蔵半年

a

b

漬け方

1
新しょうがは下ごしらえ(→p.49・1、2)をし、繊維に沿って薄切りにしてからせん切りにする。

2
ボウルに入れて塩をまぶし、ラップ、水を入れたボウルを重ね、2時間ほどおく(写真a)。

3
しょうがの水けを絞って容器に入れ、グラニュー糖を加えて赤梅酢を注ぐ(写真b)。冷暗所で半日おく。

かたまりの場合は2週間ほど漬ける。

せん切りは半日おけば食べられる。

ARRANGE

紅しょうがの串揚げ

かたまりの紅しょうがを薄切りにし、竹串に刺す。小麦粉、溶き卵、水を混ぜ合わせたものにくぐらせ、パン粉をつけて揚げる。

ARRANGE

ちくわの紅しょうが揚げ

横半分、縦半分に切ったちくわのくぼみにせん切りの紅しょうがを詰め、小麦粉と水、青のりを混ぜた衣をつけて揚げる。

薬味入りの調味料として
ゆで卵や豆腐にかけるだけで
おいしくなります。

新しょうがの刻み漬け

材料

新しょうが…200g

A
- しょうゆ…100mℓ
- 本みりん…50mℓ
- きび砂糖…大さじ1
- 酢…大さじ2

ごま油…小さじ1

必要な道具▶保存びん(500mℓ)

漬け込み▶冷暗所で2日

保存▶冷蔵半年

a

b

漬け方

1

新しょうがは下ごしらえ(→p.49・1、2)をし、繊維に沿って薄切りにしてからみじん切りにする。

2

鍋にAを入れてひと煮立ちさせ、冷ます。

3

びんに**1**を入れて**2**を注ぐ(写真a)。

4

ごま油を加えて混ぜ(写真b)、冷暗所に2日おいて味をなじませる。

1日塩漬けにしてから
みそ床に2週間漬けます。
しょうがの辛さに甘めのみそがベストマッチ。

新しょうがのみそ漬け

材料

新しょうが…300g

粗塩…30g(しょうがの重さの10%)

みそ…250g

きび砂糖…200g

必要な道具▶保存袋、重し(600g)

漬け込み▶冷蔵2週間

保存▶冷蔵半年

漬け方

1

新しょうがは下ごしらえ(→p.49・1、2)をし、袋に入れて塩を加え、袋の上からこすってなじませる。

2

バットに入れて重し(塩袋を使うと手軽)をし、冷蔵庫に1日おく。

3

2の水けが出ていたら水けをきり、きび砂糖を混ぜたみそを加えて平らにし、冷蔵庫に2週間おく。

COLUMN 1

新しょうがで作るジンジャーシロップ

ジンジャーエールの素になるシロップです。新しょうがを使って最後にレモン汁を加えると薄黄色からピンク色に変わります。このレシピはちょっぴりスパイシーな辛口タイプ。

材料

新しょうが…400g

A
- グラニュー糖…200g
- はちみつ…100g
- 粗塩…ひとつまみ
- シナモンスティック…1本
- クローブ…10粒
- 赤唐辛子(種を除く)…2本

レモン汁…100mℓ

作り方

1
新しょうがは皮付きのまますりおろす。

2
鍋に1とAを入れて混ぜ、30分ほどおく。水分が出てきたら火にかけ、沸騰したら弱火にして10分ほど煮る。

3
ボウルにざるをのせてペーパータオルを敷き、2を入れる。ペーパータオルで包んでへらで押し、シロップをしっかり絞る。

4
レモン汁を加えて混ぜるとだんだんピンク色になる。保存はびんに入れて冷蔵で3か月。炭酸水や水、お湯で3〜4倍に薄めて飲む。

白菜漬け

本格白菜漬け

干してから下漬けし、
次に本漬けをする昔ながらの本格レシピ。
きちんと仕込んだ白菜漬けは
乳酸発酵してうまみが増します。
酸っぱくなった古漬けも格別のおいしさ。

5
さっと水で洗い、ふって水けをきる。葉を1枚ずつ開いて**4**の塩の$\frac{2}{3}$量を均等にふり、残りの塩は全体にまぶす。

6
厚手のポリ袋に白菜の向きを互い違いにして入れる。ダンボール箱に詰め、空気を抜いて口を結ぶ。

7
白菜の重さの約2倍の重し(6kgなら2ℓペットボトル3本を使うと簡単)をのせ、冷暗所に1日おく。

1日下漬けした白菜は水分が抜けてしんなりする。

材料

白菜…1個(約3kg)
下漬け用粗塩…干した白菜の重さの2.5%
本漬け用粗塩…下漬けした白菜の重さの0.5%
昆布(5×10cm)… 1枚
赤唐辛子(種を除く)…2本

必要な道具▶厚手のポリ袋、ダンボール箱、重し(6kg、3kg)、ホーロータンク(10ℓ)、中ぶた

漬け込み▶冷暗所で下漬け1日、本漬け5日

保存▶冬は冷暗所で2週間または冷蔵5日

漬け方

下漬け

1
白菜の軸に切り目を入れ、手で半分に裂く。包丁で切ると葉先がバラバラになってしまう。

2
同様に軸に切り目を入れ、4等分に裂く。

3
切り口を上に向けて盆ざるにのせ、4時間ほど日に当てて水分を飛ばす。陰干しなら1日干す。

4
3の重さを量り、その2.5%の塩を計量する。ヘルスメーターで全量をはかるか、または2kgはかりで1株ずつ量る。

本漬け

8
白菜を袋から取り出し、水けを絞る。

9
白菜の重さを量り、その0.5%の塩を計量する。

10
容器の底に**9**の塩の半量をふり、均等な高さになるように白菜をすき間なく詰める。

11
残りの塩をふり、昆布、赤唐辛子を加える。

12
中ぶたをのせ、白菜と同じくらいの重さの重しをポリ袋に入れてのせる。

13
ふたをして冷暗所におく。5日間ほどで食べられる。常に塩水に浸かっている状態で2週間保存できる。塩水から取り出したら、冷蔵で5日間を目安に食べきる。

○酸っぱくなったら
乳酸発酵が進むとうまみとともに酸味も増す。加熱すると酸味はやわらぐので、古漬けは汁や鍋料理に活用する。

○風味づけにプラスする素材
本漬けするときに風味のよい素材を少量加えると、ひと味違うおいしさになる。中央から時計回りに、干した柿の皮(甘み)、りんごの皮(香り)、いり大豆(うまみ)、にんにく・しょうが(ピリッとした風味と香り)、ゆずの皮(香り)。

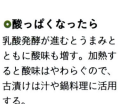

お好みで七味唐辛子をかけてしょうゆをひとたらし。茶碗のご飯を白菜漬けで巻いて食べるのが好きという人も多い。

白菜の切り漬け

本格的な漬け方には負けますが、
早く食べたいときにおすすめの即席漬け。
袋の上からよくもむと、
しんなりしてすぐに食べられます。

材料

白菜…1/4個（約600g）
粗塩…18g（白菜の重さの3%）
昆布（5cm角）… 1枚
赤唐辛子（種を除く）…1本

必要な道具▶保存袋
漬け込み▶常温20分
保存▶冷蔵1週間

漬け方

1
白菜は5〜6cm四方に切って袋に入れ、塩を加える。

2
袋に空気を入れてよくふり、塩を全体にまぶす。

3
昆布、赤唐辛子を加え、空気を抜いて口を結び、20分ほどおく。もむと塩がなじんで早く食べられる。

もんで20分おくと、しんなりしてかさが半分以下になる。

ARRANGE
トロたくの白菜巻き

巻きすにラップを敷き、白菜漬け2枚を互い違いに重ね、すし飯、まぐろ（トロ）の叩き身、細切りにしたたくあんを巻く。切り分けて好みで七味をふる。

キムチ

白菜キムチ

味の決め手は
ヤンニョムと本漬けの発酵具合。
キムチの素となる
ヤンニョムをマスターすれば、
他の野菜のキムチも作れます。

●材料

白菜…1個(約3kg)
下漬け用粗塩…干した白菜の重さの2.5%
ヤンニョム
- だし
  - 煮干し…60g
  - 水…200mℓ
- のり
  - 白玉粉…大さじ4
  - 水…200mℓ
- りんごまたは梨…120g(正味)
- にんにく…40g
- しょうが…80g
- いかの塩辛…80g
- アミの塩辛…80g
- 韓国産粉唐辛子(細びき)…大さじ5(30g)
- 韓国産粉唐辛子(粗びき)…大さじ5(30g)
- 砂糖…大さじ1 1/2
- 魚醤…大さじ3

ヤンニョム用の薬味
- 大根…400g
- にんじん…100g
- 粗塩…小さじ1/3
- にら…100g
- 松の実…大さじ2

必要な道具▶手袋、厚手のポリ袋、ダンボール箱、重し(6kg)、ホーロータンク(10ℓ)

漬け込み▶冷暗所で下漬け1日、本漬け4日〜2週間

保存▶冷蔵2週間(冷凍2か月)

●漬け方

干す

1
白菜の軸に切り目を入れて手で半分に裂き、同様にして4等分に裂く。包丁で切ると葉先がバラバラになってしまう。

2
切り口を上に向けて盆ざるにのせ、4時間ほど日に当てて水分を飛ばす。陰干しなら1日干す。

下漬け

3
2の重さを量り、その2.5%の塩を計量する。白菜を洗い、ふって水けをきり、葉を1枚ずつ開いて塩の2/3量を均等にふり、残りの塩は全体にまぶす。

4
厚手のポリ袋に白菜を互い違いにして入れ、ダンボール箱に詰め、空気を抜いて口を結ぶ。白菜の重さの約2倍の重しをのせ、冷暗所に1日おく。

ヤンニョムを作る

5
だしを取る。煮干しは頭と内臓を取り、鍋に入れて分量の水を加える。強火にかけて沸騰したら、弱火にして5分ほど煮てこす。

6
のりを作る。別の鍋に白玉粉と分量の水を入れ、へらで粒をつぶしてから中火にかけ、混ぜながらとろりとするまで煮る。

7
大根、にんじんはマッチ棒くらいのせん切りにして塩をまぶし、10分ほどおいて水けをよく絞る。にらは1cm長さに刻む。

8
皮をむいて粗く切ったりんご、芯を除いたにんにく、皮をむいて粗く切ったしょうが、いかの塩辛、アミの塩辛をミキサーでペースト状にする。ボウルに入れ、2種類の粉唐辛子、砂糖を加えてよく混ぜ合わせる。

9

6ののりを加え、均一になるまで練り合わせる。

10

5のだし、魚醤を加えて混ぜ合わせれば、ヤンニョムのでき上がり。

11

7の大根とにんじん、にらを加えてよく混ぜ、最後に松の実を混ぜる。

本漬け

12

4の白菜の水けを絞る。手袋をし、1/4個ずつ葉の間にヤンニョムの1/4量をそれぞれ塗りつける。このとき一番外側の葉には塗らない。

13

塗り終わったら内側に二つ折りにし、塗らなかった外側の葉で束ねるようにくるりと巻く。

14

容器に厚手のポリ袋を敷き込み、**13**をすき間なく詰め、空気を抜いて口を結ぶ。

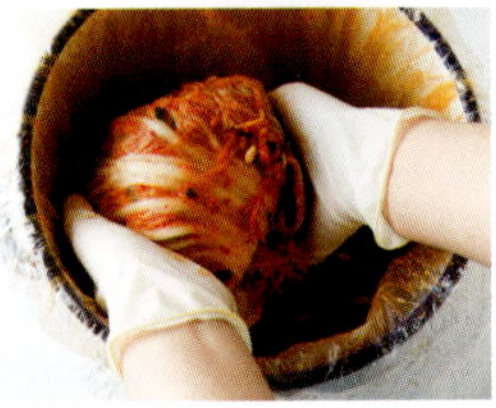

15

ふたをして冬は寒いところに約1週間おく。ときどき様子を見て、袋がふくらんでいたら空気を抜くとよい。浅漬けなら4〜5日間、本格的に発酵した味になるには1〜2週間かかる。好みの食べ頃になったら冷蔵庫で保存する。夏は冷暗所に1日おいてから、冷蔵庫で5日ほど熟成させる。

ヤンニョムの保存

ヤンニョム(手順**10**)はカクテキや小松菜のキムチなど(→p.62)に応用できる。冷蔵で1か月、冷凍すれば6か月保存できる。

ヤンニョムに欠かせない材料

本格的なキムチ作りに欠かせないのが、韓国産の粉唐辛子。辛みは日本産よりもマイルドで、粗びき(A)は辛みとうまみのため、細びき(B)は鮮やかな色のために加える。また、キムチの発酵を助けてうまみの素になるのが、魚醤(C)、アミの塩辛(D)、いかの塩辛(E)。いかの塩辛は日本産でOK。魚醤は韓国産のいわしエキス(F)や日本のしょっつる、タイのナンプラーなど手に入りやすいものでよい。

A

B

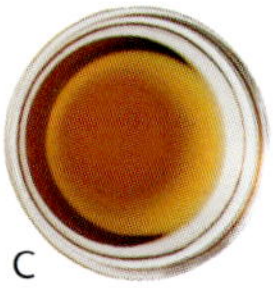

C

D

E

F

キムチの保存

冷蔵庫に入れるときは、においが移りしないように厚手の漬け物用保存袋や密閉性の高い金属製容器に。

酸っぱくなったら

乳酸発酵が進み、そのまま食べるには酸っぱすぎる場合は料理に使う。加熱すると酸味はやわらぎ、うまみが増す。

食べるときに切る

キムチは切って保存すると水分が出て味が薄まりやすいので、切るのは食べる直前に。

ARRANGE

キムチ鍋

鍋ものには漬け汁も活用すると味が深まる。4人分なら、食べやすく切った白菜キムチ100gと漬け汁200mℓを加える。

ARRANGE

キムチチャーハン

おいしく作るポイントは、刻んだ白菜キムチをごま油でよく炒めてから、他の材料を加えること。炒めるとこくが出る。

カクテキ

大根の辛みをやわらげるために
はちみつを加えるのがポイント。
冷蔵庫で漬けるので
季節を問わず作れます。

パプリカのキムチ

白菜キムチの
ヤンニョムを使って作る、
一晩で食べられる簡単キムチ。
パプリカの甘みが
ぐっと引き立ちます。

小松菜のキムチ

シャキシャキした歯ごたえがおいしい
青菜のキムチ。
かぶの葉、せり、チンゲン菜でも
おいしく作れます。

ミニトマトのキムチ

皮が厚いので、
ミニトマトに穴を開けてから
漬けるのがコツ。
甘酸っぱくて辛いユニークな味です。

パプリカのキムチ

材料

パプリカ（赤・黄色合わせて）…200g
ヤンニョム（→p.59〜60）…40g（パプリカの重さの20％）

必要な道具▶保存袋
漬け込み▶冷蔵半日
保存▶冷蔵1週間

漬け方

1　パプリカはヘタと種を除き、縦4〜6等分して乱切りにする。
2　袋に1とヤンニョムを入れ、軽くもんで混ぜる。
3　空気を抜いて口を閉じ、冷蔵庫に半日おく。

ミニトマトのキムチ

材料

ミニトマト…200g
ヤンニョム（→p.59〜60）
…30g（ミニトマトの重さの15％）

必要な道具▶保存袋
漬け込み▶冷蔵半日
保存▶冷蔵1週間

漬け方

1　ミニトマトはヘタを取り、楊枝で刺して数か所穴を開ける。
2　袋に1とヤンニョムを入れ、軽くもんで混ぜる。
3　空気を抜いて口を閉じ、冷蔵庫に半日おく。

カクテキ

材料

大根…1本（正味1kg）
粗塩…30g（大根の重さの3％）
ヤンニョム（→p.59〜60）
…100g（大根の重さの10％）
はちみつ…20g（大根の重さの2％）
白いりごま…大さじ1

必要な道具▶保存袋、バット、重し（1kg）
漬け込み▶冷暗所で1日、冷蔵1日
保存▶冷蔵10日

漬け方

1　大根は皮をむき、2〜3cm角に切る。
2　袋に1と塩を入れて全体にまぶし、口を結んでバットに入れる。もう1枚バットを重ねて重しをのせ、冷暗所に1日おく。
3　大根の水けをきり、袋の水けをふく。大根を袋に戻し、ヤンニョム、はちみつ、白ごまを加え、軽くもんで混ぜる。
4　空気を抜いて口を閉じ、冷蔵庫に1日おく。

小松菜のキムチ

材料

小松菜…250g
粗塩…7.5g（小松菜の3％）
ヤンニョム（→p.59〜60）
…25g（小松菜の重さの10％）

必要な道具▶保存袋
漬け込み▶冷蔵半日
保存▶冷蔵10日

漬け方

1　小松菜は株元を切り、5cm長さに切る。
2　ボウルに1を入れて塩を全体にふり、1時間おく。
3　2の水けを絞って袋に入れ、ヤンニョムを加えて軽くもむ。
4　空気を抜いて口を閉じ、冷蔵庫に半日おく。

水キムチ

野菜を米のとぎ汁に漬けて発酵させた、
乳酸菌をたっぷり含む
韓国伝統の漬け物。
さわやかな酸味があり、
漬け汁もおいしくいただけます。

パプリカときゅうりの水キムチ

セロリとカブの水キムチ

基本の水キムチ

基本の水キムチ

大根か白菜が入れば、あとはありあわせの
野菜でも大丈夫。ただし、発酵には
糖分が必要なのでりんごを必ず入れます。

材料

白菜、大根、にんじん、きゅうり…(合わせて)500g
粗塩…大さじ1
りんご…50g
にんにく…1かけ
しょうが…1かけ
米のとぎ汁*…500mℓ
砂糖…小さじ1

＊米をといだ1回目の水は捨て、2回目のものを使う。
＊米のとぎ汁がないときは水500mℓに上新粉小さじ1を加え、ひと煮立ちさせてから使う。

必要な道具	▶保存容器(1.5ℓ)
漬け込み	▶冷暗所で3日
保存	▶冷蔵2週間

漬け方

1
鍋に米のとぎ汁、砂糖を入れて、ひと煮立ちさせて冷ます。

2
白菜はざく切り、大根とにんじんは短冊切り、きゅうりは縦半分に切って斜め薄切りにする。にんにくはつぶし、しょうがは薄切り、りんごは芯を除いて皮つきで薄切りにする。

3
2の白菜、大根、にんじん、きゅうりに塩をまぶし、30分以上おく。

4
3の水けをきって容器に入れ、2のにんにく、しょうが、りんごを加える。

5
4に1を注ぎ、ラップを密着させてからふたをする。冬は冷暗所で3日おく(冬以外は冷暗所で1〜2日おいてから冷蔵する)。左が漬けた直後、右が漬けて3日後。漬け汁が白っぽくなって泡が立ったら味見をし、酸味が出たら冷蔵庫に移し、2週間ほどで食べきる。

セロリとかぶの水キムチ
パプリカときゅうりの水キムチ

材料と漬け方

どちらも「基本の水キムチ」と同じ手順で漬けることができます。材料の野菜は2種類ずつ合わせて500g。他の材料と分量も同じです。りんごの代わりに梨を使うことも多く、よりさっぱりした味になります。

ARRANGE
冷麺

まろやかな酸味の水キムチの汁は冷麺に最適。鶏ガラスープと水キムチの汁を同量合わせてスープにする。

きゅうりのピクルス

洋風の酢漬けの基本はきゅうり。
漬ける前に湯通しすると味が薄まらず、
保存性がよくなります。

材料

きゅうり…500g(5本)
粗塩…小さじ1
にんにく(つぶす)
…1かけ分
ピクルス液
- 酢…300mℓ
- 水…150mℓ
- 砂糖…50g
- 塩…小さじ2
- ローリエ…1枚
- 黒粒こしょう…小さじ1/2

必要な道具▶密閉びん(1ℓ)
漬け込み▶冷暗所で3日
保存▶冷蔵2か月

漬け方

1
きゅうりは両端を切り落として長さを半分に切り、塩をこすりつける(塩は色止めと殺菌のため)。

2
鍋に湯を沸かして**1**を入れ、再び沸騰して30秒したらざるに上げる。ピクルス液の材料はひと煮立ちさせ、冷ます。

3
びんににんにくと**2**のきゅうりを詰める。ピクルス液が全体にゆきわたるようにすき間なく詰めるのがコツ。

4
3に**2**のピクルス液を注いで冷暗所に3日おく。

ズッキーニのピクルス

タイムの香りが効いたカラフルなピクルス。
ズッキーニの食感があるうちに
3週間を目安に食べきります。

●材料

ズッキーニ（緑・黄）…各1本（400g）
ピクルス液
- 酢…200mℓ
- 水…200mℓ
- 砂糖…80g
- 塩…小さじ2

A
- タイム（生）…2枚
- ローリエ…1枚
- 赤唐辛子（種を除く）…1本

必要な道具▶保存びん（1ℓ）
漬け込み▶冷暗所で3日
保存▶冷蔵1か月

a

b

●漬け方

1
ズッキーニは1cm厚さの輪切りにする。

2
鍋に湯を沸かして**1**を入れ、再び沸騰して30秒したらざるに上げる。

3
鍋にピクルス液の材料を入れてひと煮立ちさせ、冷ます。

4
びんに**2**を入れてAを加え（写真a）、**3**を注いで（写真b）冷暗所に3日おく。

カリフラワーのカレーピクルス

カレー粉とクミンを加えたインド式ピクルス。
漬けたてはカリカリ、
味がなじむとやわらかくなります。

●材料

カリフラワー…1株（500g）
ピクルス液
- 酢…300mℓ
- 水…200mℓ
- 砂糖…80g
- 塩…大さじ1
- カレー粉…小さじ2
- クミンシード…小さじ1
- ローリエ…1枚
- 赤唐辛子（種を除く）…1本

必要な道具▶密閉びん（1ℓ）
漬け込み▶冷暗所で3日
保存▶冷蔵1か月

a

b

●漬け方

1
カリフラワーは小房に分ける。

2
鍋に湯を沸かして**1**を入れ（写真a）、再び沸騰して30秒したらざるに上げる。

3
鍋にピクルス液の材料を入れてひと煮立ちさせ、冷ます。

4
びんに**2**を入れて**3**を注ぎ（写真b）、冷暗所に3日おく。

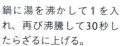

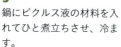

COLUMN 2

ドイツの漬け物、ザワークラウト

ザワーは酸っぱい、クラウトはキャベツの意味です。イギリスではサワークラウト、フランスではシュークルートと呼ばれる冬の漬け物。漬け方の流れは白菜漬けと変わりません。刻んだキャベツを塩漬けにしたら、あとは自然に乳酸発酵するのを待つだけ。漬け上がるとだんだん酸味が強くなるので、味見をして好みの酸味になったら冷蔵庫に移します。

ザワークラウト
紫キャベツのザワークラウト

キャベツをびんに詰め、水を入れたびんを重し代わりに。
重しが少しずつ沈み、泡が出てきたら無事に発酵中。

●材料

キャベツまたは紫キャベツ…600g(1/2個)
粗塩…15g(キャベツの重さの2.5%)
A ローリエ…1枚
　キャラウェイシード…大さじ1/2
水…150mℓ

必要な道具▶保存びん(1.5ℓ)、ポリ袋、重し用のびん
漬け込み▶常温1週間
保存▶冷蔵1か月

●漬け方

1
キャベツは4つ割りにして芯を除き、3mm幅に切る。ボウルに入れて塩を加え、しんなりするまでもみ、Aを加えて混ぜる。

2
びんに詰めて分量の水を注ぎ、ポリ袋を敷き込んでキャベツに密着させる。

3
水を入れたびん(キャベツの重さの約20%)をのせ、キャベツが水に浸かっている状態を保ち、冬は常温に1週間、それ以外の季節は3日おく。

4
キャベツが黄色っぽくなり、発酵してシュワシュワ泡が出てきたら食べ頃。冬以外は発酵が早く進むので冷暗所において注意して見守る。

ARRANGE
ザワークラウトのスープ

煮てとろとろになったザワークラウトがおいしい。玉ねぎ、じゃがいも、ベーコンを炒めたら、ザワークラウト、水、コンソメスープの素を加えて煮る。

2章

昔ながらのふるさと漬け

たくあん、福神漬け、しば漬け、千枚漬け……
こうした伝統的な漬け物は老舗で買ったり、
お土産でもらうものと思っていませんか？
実は意外なことに家庭でも作れるのです。
漬け込み期間が長いものもありますが、
きちんと手順どおりにすれば大丈夫。
本格的な味に漬け上がります。

たくあん

日本各地で作られている
漬け物の代表格。
干し大根を
米ぬかに漬けるだけなので、
手順は意外と簡単です。

●材料

干し大根(根のみ)…2.5kg(9本)
粗塩…150g(大根の重さの6%)
A 米ぬか…375g(大根の重さの15%)
ザラメ糖…50g(大根の重さの2%)
赤唐辛子(種を除く)…2本
昆布(5×10cm)…1枚
柿の皮(1日天日干ししたもの)…1個分
りんごの皮(1日天日干ししたもの)…1個分

必要な道具▶ホーロータンク(10ℓ)、ポリ袋、 重し(5〜7.5kg)
漬け込み▶冷暗所で1か月半
保存期間▶冷暗所で3か月

●準備

大根に黒く傷んでいる部分があったら切り取る。干し大根の葉は使うので取っておく。

●漬け方

1
容器に詰めやすいように、大根をしならせてやわらかくし、さっと洗って水けをきる。

2
塩はひとつかみ取り分けてからボウルに入れ、Aと混ぜ合わせる。果物の皮は甘みをつけるために使う。

3
容器に袋を敷き込み、2の1/3量を平らにふり入れる。

4
大根の半量をなるべくすき間なく詰める。切って詰めてもよい。

5
2の残りの1/2量を4にふって大根をおおい、残りの大根を詰める。

6
残りの2で大根をおおい、手で強く押してならし、2で残しておいた塩をふる。

7
干し大根の葉で表面を覆い(葉ぶた)、袋の空気を抜いて口を結ぶ。

8
重しをしてふたをし、冷暗所に10日ほどおく。水が上がってきたら、重しを半分にし、さらに1か月おく。水が上がってこない場合は重しを増やすか、塩分濃度4%の塩水1カップを回しかける。

9
漬け上がったら、食べる分を取り出してぬかをしごき落とす。

★干し大根
出回り期は短く、11月下旬から12月上旬。市販は1把の本数が多いので、数人で買うのがおすすめ。曲げてみてかたいようなら、数日、天日干しして使う。

ハリハリ漬け

各地で親しまれている、
干し大根の漬け物です。
ハリハリと音がする
歯切れのよさが身上。
切り干しより太い
割り干し大根を使います。

ハリハリの甘酢漬け

ハリハリといったら甘酢でしょ、
というご家庭も多いようです。
ハリハリ漬けより
少しやわらかめの食感です。

ハリハリの甘酢漬け

材料

割り干し大根…80g

A
- 米酢…150mℓ
- 砂糖…大さじ4
- うす口しょうゆ…大さじ2
- 粗塩…小さじ1
- 赤唐辛子（種を除く）…1本
- 昆布（5cm角）…1枚

必要な道具▶耐熱ボウル、ポリ袋

漬け込み▶冷蔵半日

保存期間▶冷蔵1か月

漬け方

「ハリハリ漬け」の手順**1**～**4**と同様にして漬ける。Aを煮立てる鍋は、アルミ製は避ける。

ハリハリ漬け

材料

割り干し大根…80g

A
- しょうゆ…大さじ5
- 米酢…大さじ4
- みりん…大さじ3
- きび砂糖…大さじ3
- 赤唐辛子（種を除く）…1本
- 昆布（5cm角）…1枚

必要な道具▶耐熱ボウル、ポリ袋

漬け込み▶冷蔵半日

保存期間▶冷蔵1か月

漬け方

1
耐熱ボウルに割り干し大根を入れ、熱湯をたっぷりかけて冷めるまでおく。

2
水けをよく絞って縦半分に裂き、1.5cm幅に切って耐熱ボウルに入れる。

3
鍋にAを入れて煮立て、熱いうちに**2**に注ぐ。

4
冷めたら袋に移し、空気を抜いて口を結び、冷蔵庫に半日おく。

割り干し大根の作り方

作り方

1
大根は皮つきのまま長さを半分に切り、縦に1.5cm幅に切る。干しやすいように2cmほど残して切り込みを入れる。

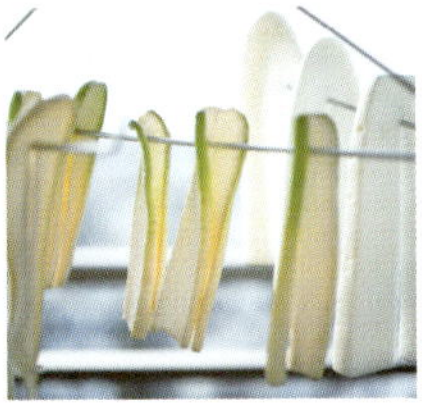

2
ハンガーに引っかけて外に干す。夜間や雨の日は室内に取り込む。

3 2週間ほど干して大根がカラッと乾き、重さがおよそ10%になったら干し上がり。大根1本で約150gできる。カビやすいのでしっかり乾燥させ、冷蔵庫で半年を目安に保存する。

きゅうりの古漬け

長期保存を目的にした本格的な漬け方です。塩と重しをきかせて漬けるときゅうりがぺちゃんこになることから、別名「板漬け」。

塩抜きしたきゅうりを刻み、しょうがや青じそ、しその実のたまり漬け(→p.125)など各少々と混ぜるとおいしい。

材料

きゅうり…2kg
粗塩…200g
（きゅうりの重さの10％）
呼び水用の塩水
水…400mℓ
粗塩…40g
追加 1 の粗塩…200g
追加 2 の粗塩…100g

必要な道具 ▶ホーロータンク（10ℓ）、ポリ袋、重し（8〜10kg）

漬け込み ▶冷暗所で1か月半

保存期間 ▶冷暗所で半年（漬け汁をきって冷蔵1年）

漬け方

1
容器の底に塩を軽くひとつかみふり入れる。

2
きゅうりをなるべくすき間なく詰め、塩を軽くひとつかみふる。

3
さらに数段きゅうりを詰めては塩をふり、最後に多めの塩をふる。

4
混ぜ合わせた塩水を縁から流し入れる。

5
袋を敷き込み、きゅうりの重さの4〜5倍の重しをし、冷暗所に4日ほどおく。

6
水が上がってきたら、追加 1 の塩をふり、再び袋を敷き込み、重しをしてさらに1週間ほどおく。

7
漬け汁を捨て、きゅうりと容器を水で洗う。この段階できゅうりはかなり平らになっている。

8
容器にきゅうりを戻し、追加 2 の塩をふって混ぜ、6 と同様に重しをして1か月以上おく。

塩抜きする
食べる分を取り出してたっぷりの水に漬ける。2〜3回水を替えながら半日以上塩抜きし、好みの味になったら刻んで食べる。

カビが出たときは

白いポツポツしたものがカビ。まずカビを取り除き、漬け汁はこした後に沸騰させて消毒する。容器ときゅうりは水で洗ってから元に戻し、冷めた漬け汁を注ぐ。

北海道
松前漬け

北の海の恵み、
昆布、するめ、数の子の松前漬けに
切り干し大根を加え、
食べごたえを出します。

●材料

がごめ昆布（細切り）…50g
するめ（細切り）…20g
数の子（塩抜き）…3本
にんじん…100g
切り干し大根…30g
赤唐辛子（種を除く）…1本
酒…大さじ2
本みりん…大さじ3
A きび砂糖…大さじ1
　しょうゆ…大さじ4
　水…大さじ6

必要な道具	▶保存袋
漬け込み	▶冷暗所で2時間
保存期間	▶冷蔵1か月

●漬け方

1　にんじんは皮をむいてせん切りにする。切り干し大根は水で戻し、水けを絞る。

2　鍋に酒、みりんを入れ、煮立ててアルコール分を飛ばし、Aを加えて冷ます。

3　袋に昆布、するめ、小さく割った数の子、**1**、赤唐辛子を入れて**2**を注ぎ（写真）、もんで混ぜ合わせ、冷暗所に2時間以上おく。

北海道

三升漬け

青唐辛子、麹、しょうゆを一升ずつ合わせた、辛〜い一品。昔から北海道や東北で作られています。

材料

青唐辛子

…90g（刻んで1カップ）

米麹（生）…1カップ

しょうゆ…1カップ

必要な道具▶保存容器、手袋

漬け込み▶冷暗所で10日

保存▶冷蔵半年

漬け方

1

手袋をし、青唐辛子のヘタを除いて小口切りにし、1カップを量って使う。辛さを抑えたいなら、縦半分に切って種を除いてから刻む。

2

ボウルで1、米麹、しょうゆを混ぜ合わせ、びんに入れる。

3

ときどき混ぜながら、冷暗所に10日以上おく。

4

全体がなじんでとろりとしたらでき上がり。ご飯のともに最適。

山形

三《さ》五《ご》八《はち》漬け

山形や福島に伝わる麹漬け。もとは塩3、麹5、米8の割合ですが、このレシピは塩分控えめです。

材料

ご飯…300g
米麹(乾燥)…140g
水…140mℓ
粗塩…50g

必要な道具▶炊飯器、保存容器(500mℓ)

漬け込み▶1日(床)、5〜6時間(野菜)

保存▶冷蔵3か月(漬け床)

漬け方

1
炊飯器にご飯、ほぐした米麹、水を入れてよく混ぜ合わせる。

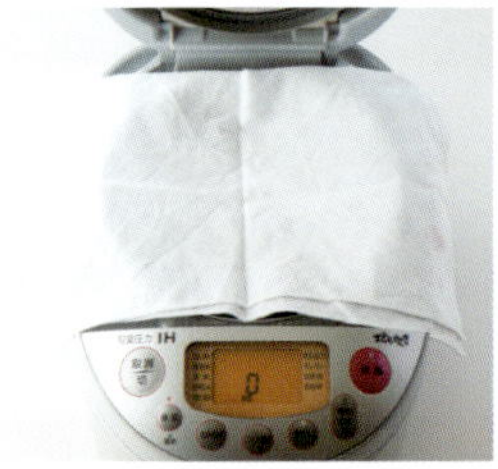

2
布巾をかけ、保温機能を入れたまま、ふたを開けて8時間おき、ボウルに入れる。

3
冷めたら塩を加えてよく混ぜる。容器に移し、半日おくと漬け床の完成。

4
きゅうりやにんじん、かぶなどほとんどの野菜は漬けて5〜6時間後に食べられる。漬け床は3〜4回使えるが、冷蔵して3か月を目安に使いきる。

福島

いかにんじん

するめとにんじんをしょうゆなどで調味した漬け物。松前漬けのような昆布のぬめりはなくサラダ風です。

●材料

するめ（細切り）…20g
にんじん…1本
しょうゆ…大さじ2
本みりん…大さじ1
赤唐辛子（輪切り）…1本分

必要な道具	▶保存袋
漬け込み	▶常温1時間
保存	▶冷蔵2週間

●漬け方

1　にんじんは皮をむき、せん切りにする。
2　袋に1、残りの材料を入れてもみ、常温に1時間おく。

栃木

おから漬け

おからの活用のために
茂木町で考案された漬け物。
漬け床を冷蔵するので、
手入れの必要がありません。

●材料

おから（生）…500g
砂糖…100g
粗塩…15g
ホワイトリカー（アルコール分35％）
…45mℓ

必要な道具▶保存容器（1.5ℓ）
漬け込み▶冷蔵5日
保存▶冷蔵2か月

●漬け方

1
容器におから、砂糖、塩、ホワイトリカーを入れる。アルコールを加える目的は、発酵を抑制して腐敗を防ぐため。

2
よく混ぜ合わせたら漬け床の完成。すぐに漬けられる。

3
塩分量が低い漬け床のため、必ず野菜の重さの1％程度の塩（分量外）をすり込んでから漬けるのがポイント。おからの風味も浸透しやすくなる。

4
冷蔵庫で5日ほどおくと食べ頃に。

東京

福神漬け

元祖は上野不忍池近くの漬け物店。このレシピは塩もみした野菜を煮て味を浸透させる、即席漬けです。

●材料

大根…150g
れんこん…100g
にんじん…50g
きゅうり…1本
しょうが…10g
粗塩…小さじ1

A しょうゆ…80mℓ
　本みりん…80mℓ
　きび砂糖…大さじ2
　昆布(5cm角)…1枚

酢…大さじ1
しその実のたまり漬け
(→p.125)…大さじ1

必要な道具▶盆ざる、保存容器(500mℓ)

漬け込み▶常温半日

保存▶冷蔵2か月

●漬け方

a

1
大根は皮をむいていちょう切りにし、盆ざるに広げ、半日ほど天日に干す(写真a)。

b

2
れんこんは皮をむいていちょう切りにし、水にさらし、水けをきる。にんじんは皮をむいていちょう切り、きゅうりは薄切りにする。しょうがは皮をむき、2cm長さのせん切りにする(写真b)。

c

3
袋に1、2を入れて、塩を加えて混ぜ、1時間ほどおいて水けを絞る。

4
鍋でAを煮立て、昆布を取り出して3を加える(写真c)。沸騰したらざるでこす。

d

5
4の煮汁を鍋に戻して煮立て、火から下ろして酢を加え、冷ます。

6
容器に4の野菜を入れて5を注ぎ(写真d)、しその実漬けを加え、常温に半日おく。

東京

べったら漬け

江戸時代から続く秋の風物詩、日本橋大伝馬町の「べったら市」。甘すぎず、サクッとした歯ざわりが手作りのよさ。

6
空気を抜いて口を結び、冷暗所に1週間おく。切り口に透明感が出てしっとりしたら漬け上がり。厚切りにして歯ざわりを楽しむ。

甘酒(濃厚タイプ)の作り方

●材料(できあがり量900mℓ)

もち米…1合
水…900mℓ
米麹(生または乾燥)…200g

a

b

c

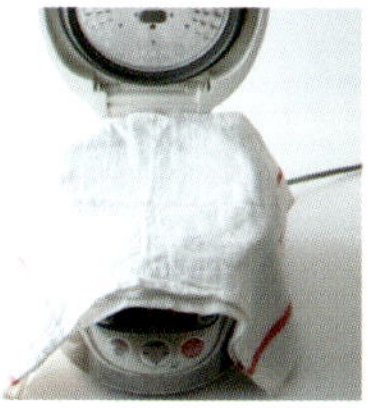

●作り方

1
もち米をといで炊飯器に入れ、分量の水を注いで30分以上おく。

2
おかゆモードでやわらかく炊く。

3
ふたを開け、約60℃になるまで冷ます(写真a)。

4
パラパラにほぐした米麹を3に加えて混ぜ合わせる(写真b)。

5
米の粘りが切れてサラサラになったら布巾をかけ、保温機能を入れたまま8時間以上おく(写真c)。

6
甘くなったらでき上がり。甘みが足りないようなら2時間ほど追加する。保存は冷蔵で2週間、冷凍で2か月を目安に。

●材料

大根…1本
粗塩…(皮をむいた大根の重さの4%)
甘酒(濃厚タイプ)…400mℓ
砂糖…30g
赤唐辛子(種を除く)…1本
昆布(5cm角)…1枚

必要な道具▶保存袋、重し(2kg)

漬け込み▶冷暗所で下漬け2日、本漬け1週間

保存▶冷蔵2週間

●漬け方

下漬け

1
大根は皮をむいて長さを3等分に切り、さらに縦半分に切る。

2
大根を量り、その重さの4%の塩を計量する。大根に塩をまぶし、袋に入れて空気を抜き、口を結ぶ。

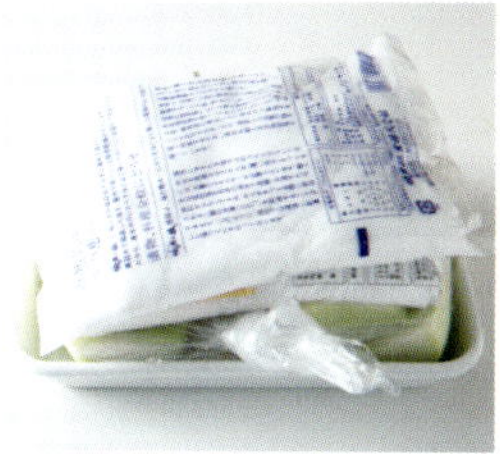

3
大根と同じくらいの重さの重しをし、冷暗所に2日おく。

本漬け

4
3の大根からしみ出た水を捨てる。こうすると味が薄まらず、白く仕上がる。

5
4に赤唐辛子、昆布、混ぜ合わせた甘酒と砂糖を加え、袋をふってなじませる。

長野

野沢菜漬け

信州の冬の食卓に欠かせないのが野沢菜漬け。
緑鮮やかな浅漬けから
べっこう色になった古漬けまで、
味の変化が楽しめます。

野沢菜漬けの
魅力のひとつが、
茎の歯ざわりのよさ。
葉先を落とし、
茎だけを即席漬けにして
堪能します。

野沢菜の切り漬け

●材料

野沢菜(葉の上半分を切り落とす)…1kg(正味)
粗塩…20g
A | しょうゆ…100mℓ
本みりん…30mℓ
酢…30mℓ
きび砂糖…30g
赤唐辛子(種を除く)…1本
昆布(5cm角)…1枚

必要な道具▶保存袋、重し(2kg)
漬け込み▶冷蔵で半日
保存期間▶冷蔵1週間

●漬け方

1
野沢菜は2cm幅に切って袋に入れ、塩を加えてまぶし、野沢菜の重さの2倍の重しをし、冷暗所に1時間おく。

2
鍋でAを煮立て、冷ます。

3
1の水けを絞って袋に2を注ぎ(写真)、冷蔵庫に半日おく。

●材料

野沢菜…3kg
粗塩…野沢菜の重さの3%
赤唐辛子(種を除く)…3本
昆布(5×3cm)…1枚

呼び水用の塩水
粗塩…6g
水…200mℓ

必要な道具▶厚手のポリ袋、ハンガー、ダンボール箱、重し(6kg)
漬け込み▶冷暗所で5〜6日
保存▶冷暗所1か月

●漬け方

1
野沢菜は40℃くらいの湯(水で洗うと折れてしまうことが多い)で洗い、株元は広げて泥を流す。

2
ハンガーに引っかけ、2〜3時間乾かす。

3
2の重さを量り、その3%の塩を計量する。ダンボール箱に袋を二重に敷き込み、野沢菜の半量を詰め、塩の半量をふる。

4
残りの野沢菜を互い違いになるようにのせ、残りの塩、赤唐辛子、昆布を加え、混ぜ合わせた塩水を回しかける。

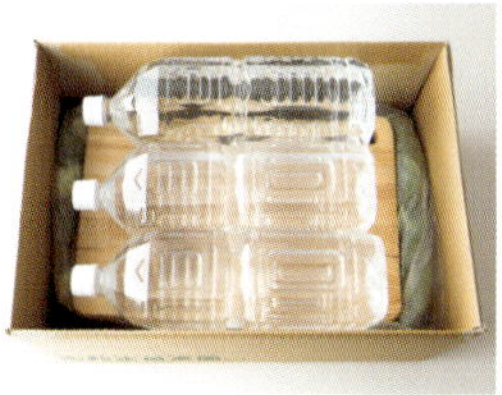

5
袋を閉じてまな板など平らなものをのせ、干した野沢菜の重さの2倍の重しをする。冷暗所におき、水が上がって4日後から食べられる。

★野沢菜
高菜、広島菜と並ぶ、日本三大漬け菜のひとつ。11月下旬から12月中旬に出回る。

石川

べん漬け

能登特産の魚醤
いしるを使った漬け物。
このレシピは
いしるに酒を足して、
味をまろやかにしました。

a

b

c

漬け方

1

きゅうりは5㎝長さに切り、4等分にする。大根とにんじんは皮をむき、きゅうりと同じ形くらいの棒状に切る。

2

鍋に酒を入れて火にかけ、煮立ててアルコール分を飛ばし、火を止めていしるを加える（写真a）。

3

袋に**1**、昆布、赤唐辛子を入れ、**2**が温かいうちに注ぐ（写真b）。

4

袋をふって混ぜ、冷蔵庫で3時間以上おく（写真c）。

材料

きゅうり…1本（100g）
大根…200g
にんじん…1/2本（100g）
酒…大さじ4
いしる…大さじ2
昆布（5㎝角）…1枚
赤唐辛子（種を除く）…1本

必要な道具▶保存袋
漬け込み▶冷蔵3時間
保存▶冷蔵3日

★いしる
石川県の奥能登地方で作られる魚醤で、いしり、よしるなどさまざまな呼び名がある。べん漬けの「べん」は肉や魚を使った「べん料理」に由来する。

京都

しば漬け

京都土産の定番のしば漬けは、梅酢の彩りと酸味、しその香りが特徴。最後に赤梅酢で色づけします。

材料

みょうが…3本(50g)
なす…2本(140g)
きゅうり…3本(300g)
しょうが…10g
粗塩…5g
（野菜の重さの1％）

A　本みりん…大さじ1
　　きび砂糖…大さじ1
赤梅酢(→p.20)…大さじ4
青じそ…5枚
＊野菜は合わせて500g。

必要な道具▶保存袋、重し(1kg)
漬け込み▶冷暗所で3日
保存▶冷蔵1週間

漬け方

a

1
みょうがは縦に6等分に切る。なすは縦半分に切って斜め5mm幅に切り、水にさらして水けをきる。きゅうりも縦半分に切り、斜め3mm幅に切る。しょうがは皮をむいて2cm長さのせん切り、青じそは1cm四方に切る(写真a)。

d

2
袋に青じそ以外の1を入れて塩を加え(写真b)、Aも加えて混ぜ、重しをして冷暗所で3〜4時間おく。

c

3
水けをよく絞り(写真c)、赤梅酢、青じそを加え、再び重しをして2〜3日おく。赤くなったら漬け上がり(写真d)。

d

京都

千枚漬け

京都特産の聖護院かぶを薄く切って甘酢に漬けます。なめらかな口当たりとサクッとした歯ざわりは独特のもの。

京都

かぶの千枚漬け
赤かぶの千枚漬け

手に入りやすいかぶや赤かぶでもおいしい千枚漬けが作れます。

かぶの千枚漬け、赤かぶの千枚漬け

材料

かぶ(または赤かぶ)…1kg(8〜10個)
粗塩…20g(かぶの重さの2%)
A 砂糖…100g(かぶの重さの10%)
　酢…200mℓ(かぶの重さの20%)
B 昆布(5cm)…1枚
　赤唐辛子(種を除く)…1本

必要な道具▶バット、重し(1kg)、保存袋
漬け込み▶冷暗所で4〜5時間、冷蔵1日
保存▶冷蔵2週間

漬け方

1 かぶ(または赤かぶ)は皮をむき、スライサーで薄切りにする。
2 ずらしてバットに並べ、1段ごとに塩をふり、ラップを密着させる。
3 重しをして冷暗所に4〜5時間おく。Aを鍋で温めて砂糖を溶かし、冷ます。
4 かぶの水分をきって袋に入れ、3のA、Bを加え、冷蔵庫に1日以上おく。

ARRANGE
千枚漬けの茶巾ずし

すし飯をたわら形ににぎり、半分に切った千枚漬けで巻く。ゆでた三つ葉で結び、ゆずの皮をのせる。

千枚漬け

材料

聖護院かぶ…1個
粗塩…聖護院かぶの重さの2%
砂糖…聖護院かぶの重さの10%
酢…聖護院かぶの重さの20%
A 昆布(5cm角)…1枚
　赤唐辛子(種を除く)…1本

聖護院かぶは日本最大のかぶ。肉質は緻密でなめらか、上品な甘みがある。出回り期は11月〜1月。

必要な道具▶バット、重し(1kg)、保存容器(3ℓ)
漬け込み▶冷暗所で4〜5時間、冷蔵1日
保存▶冷蔵2週間

漬け方

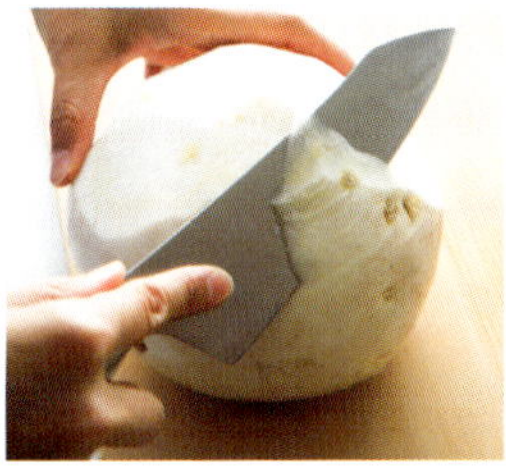

1
聖護院かぶは黄色い網状の繊維の下まで削るようにして皮をむく。重さを量り、その2%の塩、10%の砂糖、20%の酢を計量する。

2
スライサーで薄切りにする。大きすぎる場合は半分に切って使う。

3
ずらしてバットに並べ、1段ごとに1の塩をふり、最後にラップを密着させる。

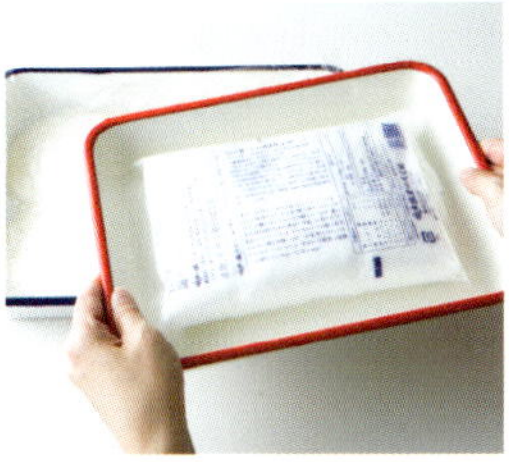

4
重しをして冷暗所に4〜5時間おく。1の砂糖と酢を鍋に入れて温め、砂糖が溶けたら冷ます。

5
かぶの水分をきって容器に入れ、A、4の甘酢を加える。ラップを密着させ、冷蔵庫に1日以上おく。

熊本

高菜漬け

高菜はピリッとした辛みのある、からし菜の一種です。よくもんでしんなりさせてから、塩漬けにします。

材料

高菜…1kg
粗塩…高菜の重さの3%
赤唐辛子(種を除く)…2本
昆布(5×10cm)…1枚

必要な道具▶ホーロータンク(7ℓ)、厚手のポリ袋、ハンガー、バット、重し(2kg)、保存袋

漬け込み▶冷暗所で2日〜2週間

保存▶冷蔵2週間

漬け方

1
高菜はザブザブと水で洗い、株元は広げて泥を流す。ハンガーに引っかけ、2〜3時間天日で乾かす。

2
高菜の重さを量り、その3%の塩を計量する。まな板にのせて葉を広げ、軸を中心に塩を全体にまぶす。

3
力を入れてもみしだき、容器に詰めやすいようにしんなりさせる。

4
汁が出てきたらバットに移してもみ、この汁はとっておく。

5
容器に袋を敷き込み、高菜をすき間なく詰める。

6
4の汁を加え、赤唐辛子と昆布を上にのせ、しっかり空気を抜いて袋の口を閉じる。

7
高菜の2倍の重さの重しをし、冷暗所に2日おく。その後は漬け汁ごと保存袋に小分けにし、冷蔵庫で保存する。べっこう色の古漬けにするなら、冷暗所に2週間。

★高菜
主に西日本で栽培され、九州産は1月〜2月、関東産は4月〜5月に出回る。九州産(写真は熊本産)は丈が高くてややかため、関東産は丈が短くてやわらかい。

COLUMN 3

ぶどう農家の漬け物小屋

私の実家は栃木県真岡市にある八代続く農家で、ぶどうと米栽培を主に自家用の野菜も作っています。わが家の食卓には、春夏秋冬、祖母と母が作った漬け物がありました。梅干し、たくあん、きゅうりの古漬けやパリパリ漬け、しその実漬け、甘酢しょうが、白菜漬けなどなど。「マチコ、白菜漬け取って来て」と言われて向かうのは、庭の一画にある漬け物小屋。大きな漬け物樽やかめ、びんがびっしり並び、ジャムもありました。ここが私の漬け物作りの原点です。祖母と母に習った多くのレシピの中で、最もわが家らしいのが大根のぶどう漬け。道の駅などでぶどうが安く手に入ったらぜひ作ってみてください。大根×ぶどうがびっくりするくらいおいしいのです。

大根のぶどう漬け

大根の生ぶどう漬け

大根の生ぶどう漬け

ぶどうを加熱しないので酵母が生きています。そのため日にちがたつと酸味が出るので早めに食べきります。

材料

大根…250 g
ぶどう（マスカット）…150g（正味）
A 砂糖…大さじ2
粗塩…大さじ1
酢…大さじ$1\frac{1}{2}$

必要な道具▶保存袋
漬け込み▶冷蔵半日
保存▶冷蔵1週間

漬け方

1
大根は皮をむいて縦4等分に切る。

2
ぶどうは半分に切り、種があったら除く。

3
袋に1、2、Aを入れて軽くもみ、冷蔵庫に半日以上おく。

大根のぶどう漬け

美しい紫は巨峰の色。塩漬けした大根に煮た巨峰をまぶして2日おくと、色も風味も浸透します。

材料

大根…$\frac{1}{2}$本（600g）
粗塩…小さじ1
巨峰（またはキャンベル、ピオーネなど赤系のぶどう）…400g（1房）
A 砂糖…60g
粗塩…30g
白ワインビネガー（なければ好みの酢）…40mℓ

必要な道具▶保存袋
漬け込み▶冷蔵2日
保存▶冷蔵2週間

漬け方

1
大根は皮をむき、縦横半分に切る。袋に入れ、塩を加えてまぶし、30分ほどおく。

2
ぶどうは房からはずし、洗って水けをきる。鍋にぶどう、Aを入れ、マッシャーなどでつぶし、中火にかけて煮る。

3
色が出てとろとろになり、ヘラの跡が残るくらいまで煮て、冷ます。白ワインビネガーを加えて混ぜ、より鮮やかに発色させる。

4
1の水けをきって新しい袋に入れ、3を加えてまぶし、冷蔵庫に2日おく。

3章

すぐに食べたい即席漬け

もう一品あれば…、野菜が足りないかも…、
と思ったときは、即席漬けの出番です。
漬けてすぐ食べられるものから
最長で2日漬けるものまで、春夏秋冬59品。
保存もきく、頼もしい常備菜です。

ざっくり切ったキャベツを
塩で下漬けしてから、
うまみ酢じょうゆに漬けます。
食べるときに好みに切り分けて。

キャベツのうまみ漬け

材料

キャベツ…1個（約800g）
粗塩…12g（キャベツの重さの1.5%）
うまみ酢じょうゆ
- 昆布（5cm角）…1枚
- 水…400mℓ
- 酢…大さじ5
- うす口しょうゆ…大さじ2
- 砂糖…大さじ3
- 粗塩…小さじ1

必要な道具▶保存袋、重し（1.5〜2kg）
漬け込み▶冷暗所で2〜3時間、冷蔵半日
保存▶冷蔵3日

漬け方

1
キャベツは4等分に切って芯を除き、切り口に塩を均等にふってすり込む。

2
袋に入れて重し（塩袋を使うと手軽）をし、冷暗所に2〜3時間おく。

3
袋を逆さまにしてしみ出た水けを捨てる。塩で野菜の水分を抜いてから漬けると、水っぽくならない。

4
うまみ酢じょうゆの材料を3に加えてもみ、冷蔵庫に半日おく。

キャベツに塩をまぶすときは、
袋をふくらませてふるとスピーディ。
1時間漬ければ食べられます。

もんで味の浸透を早める、
袋漬けだからできる早ワザです。
ごま油でコクと香りをプラスします。

キャベツの切り漬け

●材料

キャベツ… 1/2個（約400g）

A
- 粗塩…10g（キャベツの重さの2.5%）
- 昆布（細切り）…6g
- 酢…大さじ1

必要な道具▶保存袋

漬け込み▶冷蔵1時間

保存▶冷蔵3日

a

b

●漬け方

1
キャベツは芯を除いてざく切りにし、袋に入れてAを加える（写真a）。

2
袋に空気を入れてふり（写真b）、Aを全体にまぶす。

3
袋の空気を抜いて口を結び、冷蔵庫に1時間おく。

キャベツのもみ漬け

●材料

キャベツ…1/2個（約400g）

粗塩…8g（キャベツの重さの2%）

A
- 粗塩…2g（キャベツの重さの0.5%）
- 白いりごま…大さじ1
- ごま油…大さじ1

必要な道具▶保存袋

漬け込み▶なし

保存▶冷蔵3日

a

b

●漬け方

1
キャベツは芯を除いてざく切りにする。

2
袋に入れて塩を加え、袋をふって塩をまぶす（写真a）。

3
しんなりしたらもみ、しみ出た水けを絞る。

4
Aを加え、軽くもめば（写真b）、すぐ食べられる。

魚の昆布じめのように
菜の花を漬けると、
昆布のうまみで
味が深まります。
おつまみにもぴったり。

菜の花の昆布じめ

材料

菜の花…1束(150g)
昆布(真昆布など。30〜40㎝)…1枚
煮きり酒*…適量
粗塩…小さじ1/4
*煮立ててアルコール分を飛ばした酒。

必要な道具▶刷毛、盆ざる
漬け込み▶冷蔵半日
保存▶冷蔵1週間

漬け方

1
昆布に刷毛で煮きり酒を塗って湿らせる。

2
菜の花は茎元を少し切る。塩少々(分量外)を加えた熱湯でかためにゆで、盆ざるに上げて冷ます。

3
昆布の幅に合わせて**2**を切り、**1**の上に並べて塩をふり、端から巻く。

4
ラップで包み、冷蔵庫に半日おく。

アスパラガスをゆでた後は、
水に浸けずにざるで冷ますと
余分な水分が抜けます。
香りのよいうどに
昆布のうまみをプラス。
野菜の昆布じめは
漬ける前に野菜を
軽くゆでるのがコツ。

即席漬け／春
菜の花・うど・アスパラガス

アスパラの昆布じめ

材料

グリーンアスパラガス…150g（5本）
昆布（真昆布など。30〜40㎝）…1枚
煮きり酒*…適量
粗塩…小さじ1/4
*煮立ててアルコール分を飛ばした酒。

必要な道具▶刷毛、盆ざる
漬け込み▶冷蔵半日
保存▶冷蔵1週間

a

b

漬け方

1　昆布に刷毛で煮きり酒を塗って湿らせる。
2　アスパラガスは下半分の皮をむき（写真a）、はかまを取る。
3　アスパラガスを塩少々（分量外）を加えた熱湯でかためにゆで（写真b）、ざるに上げて冷ます。長さを4等分に切る。
4　1の上に3を並べて塩をふり、端から巻いてラップで包み、冷蔵庫に半日おく。

うどの昆布じめ

材料

うど…1/2本（正味70g）
昆布（真昆布など。30㎝）…1枚
煮きり酒*…適量
粗塩…小さじ1/4
*煮立ててアルコール分を飛ばした酒。

必要な道具▶刷毛、盆ざる
漬け込み▶冷蔵半日
保存▶冷蔵1週間

漬け方

1　昆布に刷毛で煮きり酒を塗って湿らせる。
2　うどは5cm長さに切り、皮を厚くむいて縦4等分に切る。10分ほど酢水（分量外）にさらす。
3　塩少々（分量外）を加えた熱湯でうどをかためにゆで、ざるに上げて冷ます。
4　1の上に3を並べて塩をふり、端から巻いてラップで包み、冷蔵庫に半日おく。

アスパラ、うど、菜の花の粕漬け

材料

グリーンアスパラガス…60g（3本）
うど…1/2本（正味70g）
菜の花…1/2束（70g）
酒粕ペースト（作りやすい分量）
- 酒粕（練り粕）…200g
- みそ…40g
- 砂糖…大さじ4
- 酒…80mℓ
- 粗塩…小さじ1/2

必要な道具▶盆ざる、保存容器（500mℓ）
漬け込み▶冷蔵1日
保存▶冷蔵1週間

漬け方

1
酒粕ペーストの材料をフードプロセッサーでペースト状にする。

2
アスパラガスは下半分の皮をむき、はかまを取る。

3
うどは5cm長さに切り、皮を厚くむいて縦に5mm厚さに切る。酢水（分量外）に10分ほど浸けてアク抜きする。菜の花は茎元を少し切る。

4
塩少々（分量外）を加えた熱湯で、2、うど、菜の花の順にかためにゆで、ざるに上げて冷ます。アスパラガスは長さを4等分に切る。

5
ラップを3枚広げて1を各80gずつ薄くのばし、中央に4をそれぞれ並べる。ラップを両脇からたたんで野菜をペーストでおおい、冷蔵庫に1日おく。

酒粕ペースト
冷蔵で約2か月保存可能。うり類、セロリ、ゴーヤー、パプリカ、魚の切り身やいかを生で漬けてもいい。

酒粕のコクとうまみを
春野菜に染み込ませた、
ご飯にもお酒にも合う一品。
この酒粕ペーストは幅広く使えます。

伝統野菜のうどを
洋風のピクルスに。
意外にもローリエやこしょうとの
相性抜群。

うどのピクルス

材料

うど…1本（正味150g）

ピクルス液

- 酢…100mℓ
- 白ワイン…100mℓ
- 水…100mℓ
- 砂糖…大さじ4
- 粗塩…小さじ2
- ローリエ…1枚
- 赤唐辛子（種を除く）…1本
- 黒粒こしょう…小さじ1

必要な道具 ▶保存びん（耐熱性、500mℓ）

漬け込み ▶冷暗所で1日

保存 ▶冷暗所で2週間

漬け方

1

うどは5cm長さに切り、皮を厚くむいて短冊切りにする。

2

1を酢水（分量外）に10分ほど浸け（写真a）、水けをきって容器に入れる。

3

鍋にピクルス液の材料を入れ、ひと煮立ちさせてアルコール分を飛ばす（写真b）。

4

3が熱いうちに2に注ぎ（写真c）、冷暗所に1日以上おく。

a

b

c

ごぼうの下味つけは
ゆでたての熱いうちに。
巻く手間がかかりますが、
見た目も味も別格です。

新ごぼうの青じそ漬け

材料

新ごぼう…250g
しょうゆ…大さじ1
青じそ(大)…約20枚
A しょうゆ…100mℓ
本みりん…100mℓ
砂糖…大さじ4
赤唐辛子(種を除く)…1本

必要な道具▶バット
漬け込み▶冷蔵1時間
保存▶冷蔵1週間

漬け方

1
ごぼうは表面をこそげて8cm長さに切り、酢水(分量外)にさらす。水けをきり、熱湯で3分ほどゆで、ざるに上げる。

2
1をボウルに入れ、温かいうちにしょうゆをからめて下味をつける。

3
青じそは沸騰した湯にさっとくぐらせ、冷水に取って水けをきる。葉を広げ、手前に2をのせて巻く。

4
鍋にAの材料を入れ、ひと煮立ちさせ、冷めたら3に回しかける。

5
ラップを密着させ、冷蔵庫に1時間ほどおく。

春から初夏にかけて出回る、
やわらかい新ごぼうで作ります。
下ゆでは
歯ごたえが残る程度が目安。

新ごぼうとにんじんのみそ漬け

材料

新ごぼう…100g
にんじん…100g

A
- みそ…200g
- 砂糖…大さじ8
- 酢…小さじ2

必要な道具	▶保存容器(1.5ℓ)
漬け込み	▶冷蔵半日
保存	▶冷蔵2週間

漬け方

1　ごぼうは表面をこそげ、10㎝長さに切って縦半分に切り、酢水(分量外)にさらす。にんじんは皮をむき、10㎝長さの棒状に切る。

2　ごぼうを熱湯で3分ほどゆで(写真a)、ざるに上げる。

3　Aを混ぜ合わせて半量を容器に敷き、にんじん、**2**を並べ、残りのAを上から塗る(写真b)。

4　ラップを密着させ、冷蔵庫に半日おく(写真c)。

a

b

c

葉わさびの甘酢漬け

ツンとした辛みがアクセントのおいしい甘酢漬け。漬ける前に辛みを引き出す下ごしらえが必要です。

葉わさびの粕漬け

市販のわさび漬けとは違い、生長したわさびの葉の粕漬けはシャキシャキした歯ごたえが特徴です。

葉わさびのしょうゆ漬け

ほんのり甘い漬け汁に葉わさびの辛さが絶妙の相性。長く漬けるとしんなりしますが、それもまた美味。

葉わさびの粕漬け

材料

葉わさび…300g
粗塩…大さじ1/2

A
- 酒粕（練り粕）…200g
- 本みりん…大さじ2
- みそ…大さじ2
- 粗塩…小さじ1/4

必要な道具▶保存容器（500mℓ）、保存袋
漬け込み▶冷蔵1日
保存▶冷蔵1か月

漬け方

下ごしらえ

1
葉わさびは茎先を少し切り落とし、茎も葉も3〜4cm幅に切る。

2
ボウルに1を入れて塩をふり、しんなりするまでもむ（細胞膜を壊して辛みを引き出す）。

3
鍋に約80℃の湯（目安は鍋底に小さな気泡が出る状態）を沸かし、2を加えて10秒おき、氷水に取る。

4
3の水けをよく絞って袋に入れ、シャカシャカふる（これも辛み出しの作業）。空気を抜いて袋の口を結び、冷蔵庫に1時間おく（酵素の働きで辛みが強まる）。

漬ける

5
Aの材料を練り合わせて容器に入れ、4を加えて混ぜ込み、冷蔵庫に1日以上おく。

★**葉わさび**
春になると黄色い花のついた花わさびが出始め、4月〜5月には茎が長い葉わさび（写真）が出回る。花わさびも、葉わさびと同じように漬けられる。

葉わさびの甘酢漬け

材料

葉わさび…300g
粗塩…大さじ1/2

A
- 酢…大さじ4
- 砂糖…大さじ4 1/2
- うす口しょうゆ…大さじ1 1/2
- 粗塩…小さじ1

必要な道具▶保存びん（500mℓ）、保存袋
漬け込み▶冷蔵1時間
保存▶冷蔵1か月

漬け方

1　「葉わさびの粕漬け」の手順1〜4と同様にして、葉わさびの下ごしらえをする。
2　Aの材料をびんに入れてふって混ぜ、1を加えてさらにふり、冷蔵庫に1時間以上おく。

葉わさびのしょうゆ漬け

材料

葉わさび…300g
粗塩…大さじ1/2

A
- しょうゆ…100mℓ
- 本みりん…50g

必要な道具▶保存びん（500mℓ）、保存袋
漬け込み▶冷蔵1時間
保存▶冷蔵1か月

漬け方

1　「葉わさびの粕漬け」の手順1〜4と同様にして、葉わさびの下ごしらえをする。
2　鍋にAの材料を入れてひと煮立ちさせ、冷ます。
3　びんに1を入れて2を注ぎ、冷蔵庫に1時間以上おく。

セロリの香りに
はちみつみその味が
ジャストマッチ。
生で漬けるので、
水分で味が薄くなる前に
食べきります。

やわらかな
新玉ねぎならではの甘みと
なめらかな食感が人気。
和洋どちらのメニューにも
合います。

セロリのはちみつみそ漬け

材料

セロリ…2本（正味200g）
粗塩…小さじ1/2
レーズン…15g
A　みそ…50g
　　はちみつ…25g

必要な道具▶保存袋
漬け込み▶冷蔵30分
保存▶冷蔵1週間

漬け方

1
セロリは筋を取り、大きめの乱切りにする。

2
袋に**1**、塩を入れてもみ、1時間ほどおいて水けをよくきる。

3
レーズン、混ぜ合わせたAを**2**に加えてもみ（写真）、冷蔵庫に30分ほどおく。

新玉ねぎの甘酢じょうゆ漬け

材料

新玉ねぎ…2個（400g）
赤唐辛子…1本
A　しょうゆ…80mℓ
　　きび砂糖…60g
　　酢…50mℓ

必要な道具▶保存容器（1.5ℓ）
漬け込み▶冷蔵半日
保存▶冷蔵1週間

a

b

漬け方

1
赤唐辛子は輪切りにして種を除き、鍋に入れてAを加え、ひと煮立ちさせて冷ます。

2
玉ねぎは1.5cm厚さのくし形切りにして容器に入れ、**1**を注ぐ（写真a）。

3
ラップを密着させ、冷蔵庫に半日おく。3〜4時間たつと水分量が増え、玉ねぎが浸るようになる（写真b）。

レモンの皮と果汁、塩を混ぜたレモンオイルは話題の調味料。セロリを漬けると見た目も味も上品な一品に。

セロリのレモンオイル漬け

材料

セロリ…2本（正味200g）	A　粗塩…小さじ1
レモン（国産無農薬）…½個	オリーブ油…100㎖

必要な道具▶保存びん（500㎖）

漬け込み▶冷暗所で半日

保存▶冷蔵1か月

a

b

漬け方

1
セロリは筋を取って3㎝幅に切り、さっとゆでてざるに上げる。

2
レモンは皮を薄くむいて（写真a）せん切りにし、果汁を絞る。

3
びんに1を入れ、Aと2を混ぜ合わせて加え（写真b）、冷暗所に半日おく。

塩けとうまみ、辛み、甘みが一体になった、タイ風の漬け物。セロリとにんにくの香りが食欲をかき立てます。

セロリのナンプラー漬け

材料

セロリ…2本（正味200g）

A
- ナンプラー…大さじ1½
- 砂糖…大さじ1
- レモン汁…大さじ1
- 赤唐辛子（輪切り）…1本分
- にんにく（薄切り）…1かけ分

必要な道具▶保存袋

漬け込み▶冷蔵30分

保存▶冷蔵1週間

漬け方

1
セロリは筋を取り、拍子木切りにしてさっとゆで、ざるに上げる（写真）。

2
袋に1、混ぜ合わせたAを入れてもみ、冷蔵庫に30分ほどおく。

きゅうりのからし漬け

辛すぎない、ほどよいからし風味。
塩＋砂糖で味を浸透させるのがポイントです。

きゅうりのヨーグルト漬け

ヨーグルトのさわやかな酸味がパンにもよく合いますが最高に合うのがカレーの薬味！

調味料で煮て冷ますことによって素早く味を浸透させると、パリパリ感が長く保てます。

きゅうりのからし漬け

材料

きゅうり…400g（4本）

A｜粗塩…12g（きゅうりの重さの3%）
｜砂糖…40g（きゅうりの重さの10%）
｜粉からし…4g（きゅうりの重さの1%）

必要な道具▶保存袋

漬け込み▶冷蔵2日

保存▶冷蔵1週間

漬け方

1
きゅうりは両端を切り、長さを半分にして袋に入れ、Aを加える。

2
軽くもんで均等にまぶし、冷蔵庫に2日おく。

きゅうりのパリパリ漬け

材料

きゅうり…400g（4本）

しょうが…20g

A｜しょうゆ…120mℓ
｜本みりん…100mℓ
｜酢…30mℓ

必要な道具▶なし

漬け込み▶なし

保存▶冷蔵2週間

a

b

漬け方

1
きゅうりは2cm幅に切り、しょうがはせん切りにする。

2
鍋にAを入れて強火にかけ、沸騰したら**1**を加えて混ぜ（写真a）、火から下ろす。

3
冷めたら火にかけ、沸騰させたのち冷まし、これをもう一回繰り返す（写真b）。

きゅうりのヨーグルト漬け

材料

きゅうり…400g（4本）

粗塩…20g（きゅうりの重さの5%）

プレーンヨーグルト…300g

必要な道具▶保存袋

漬け込み▶冷蔵半日

保存▶冷蔵5日

漬け方

1
きゅうりは両端を切り、長さを半分にして袋に入れ、塩を加えてまぶす。

2
ヨーグルトを加えてからめ、冷蔵庫に半日おく。

きゅうりのスタミナ漬け

暑い日でも
にんにくの香りが
食欲をかき立ててくれる、
夏にぴったりの一品。
袋でもんで
1時間おけばOK！

材料

きゅうり…300g（3本）

A
- うす口しょうゆ…大さじ3
- 本みりん…大さじ2
- にんにく（すりおろす）…小さじ1/2
- ごま油…大さじ1
- 赤唐辛子（種を除く）…1本
- 白すりごま…大さじ1

必要な道具▶保存袋

漬け込み▶冷蔵1時間

保存▶冷蔵5日

漬け方

1
きゅうりは縦半分に切り、4cm長さに切る。赤唐辛子は2〜4つに切る。

2
袋に**1**、Aを加えてもみ（写真）、冷蔵庫に1時間おく。

はやとうりのピリ辛漬け

赤唐辛子入りの
漬け汁で
さっと煮て、
味と辛みを
しみ込ませます。

材料

はやとうり…300g

A
- しょうゆ…100mℓ
- 本みりん…50mℓ
- 酢…30mℓ
- きび砂糖…大さじ1
- 赤唐辛子（種を除く）…1本

必要な道具▶なし

漬け込み▶なし

保存▶冷蔵2週間

a

b

漬け方

1
はやとうりは水に浸けて皮をむき（写真a）、4つ割りにして芯を取り、1cm幅に切る。

2
鍋にAを入れて沸騰させ、**1**を加えてかき混ぜ（写真b）、火から下ろす。冷めたら、はやとうりを取り出す。

3
2の煮汁を再び沸騰させ、はやとうりを戻し入れ、すぐに火を止める。

はやとうりは
塩もみしてから漬けると
すぐ味がなじみます。
昆布でうまみを加え、
青じそ、しょうがで
香りよく。

はやとうりの昆布漬け

材料

はやとうり…400g
粗塩…小さじ2
青じそ…6枚
しょうが…1かけ
A 昆布(細切り)…5g
赤唐辛子(輪切り)…1本分
うす口しょうゆ…小さじ1

必要な道具▶保存袋
漬け込み▶冷蔵30分
保存▶冷蔵5日

漬け方

1
はやとうりは4等分に切って芯を取り(写真a)、5mm幅に切る。大きなはやとうりは皮をむくと食べやすい。

a

2
塩をまぶして30分ほどおき、水けを絞る。

3
青じそはせん切りにし、しょうがは皮をむいてせん切りにする。

4
袋に2、3、Aを入れて(写真b)もみ、冷蔵庫に30分おく。

b

★はやとうり
大正初期、アメリカから鹿児島に輸入されたことから「隼人瓜」と名づけられた。皮の色が緑と白の2種類があり、シャキシャキした歯ごたえが特徴。出回り期は8月～10月。肌の弱い人はかぶれることがあるので、切るときは手袋をするとよい。

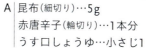

白うりのしょうゆ漬け

調味料に漬けて
軽くもむだけで
すぐに味がなじみます。
歯ごたえを楽しむには、
漬けて1週間が目安。

白うりのみそ漬け

白うりにみそを詰めて
半日漬けると、
内側は味がしみ込み、
皮はカリカリのまま。
この対比が持ち味です。

白うりの塩水漬け

塩水に漬けて
白うりのカリカリした
歯ごたえを楽しみます。
青唐辛子と青じそで
風味よく、さわやかに。

白うりのしょうゆ漬け

材料

白うり…400g（長形・2本）

A
- うす口しょうゆ…大さじ4
- 酢…大さじ3
- 砂糖…小さじ1

B
- 昆布（細切り）…ひとつまみ
- 赤唐辛子…1本

必要な道具▶保存袋

漬け込み▶冷蔵1時間

保存▶冷蔵1週間

漬け方

1　白うりは水の中でこすってうぶ毛を取り、縦半分に切って種を除き、1cm幅に切る。

2　袋にAを入れて混ぜ、1、Bを加える（写真）。軽くもみ、空気を抜いて冷蔵庫に1時間おく。

白うりのみそ漬け

材料

白うり…400g（丸形・4個）

みそ…100g

本みりん…大さじ1

必要な道具▶バット

漬け込み▶冷蔵半日

保存▶冷蔵1週間

漬け方

1　白うりは水の中でこすってうぶ毛を取り、縦半分に切って種を除く。

2　みそと本みりんを混ぜ合わせ、1のくぼみに詰める。

3　ラップを密着させ（写真）、冷蔵庫に半日おく。

白うりの塩水漬け

材料

白うり…400g（長形・2本）

水…500mℓ

粗塩…20g

青じそ…6枚

青唐辛子…2本

必要な道具▶保存袋

漬け込み▶冷蔵半日

保存▶冷蔵1週間

漬け方

1

鍋に分量の水を入れて沸かし、塩を加えて溶かしたら冷ます。

2

新鮮な白うりはうぶ毛があるのでこすって洗い、ピーラーで縞目に皮をむく。

3

両端を切り落として縦半分に切り、種をスプーンでこそげ取り、1cm幅に切る。

4

袋に1、3を入れ、5mm幅に切った青じそ、斜め半分に切った青唐辛子を加え、冷蔵庫に半日以上おく。

★**白うり**

8月～9月に出回る漬け物用野菜として親しまれている白うり。細長い形が一般的だが、地域によって丸形も。どちらも漬け方は同じ。

小なすの漬けものは、
かむと弾ける
ジューシーさが持ち味。
すき間なく
びんに詰めて漬けます。

塩をまぶしてすぐもむと
なすが割れてしまうので、
30分おくのがコツ。
水けを絞ると
調味料が浸透します。

小なすのびん漬け

材料

小なす…400g
（卵形18〜20個）
青じそ…2〜3枚

A
砂糖…80g
粗塩…40g
焼きみょうばん…小さじ2（3g）
水…500mℓ

必要な道具▶保存びん（1ℓ）

漬け込み▶冷蔵1日

保存▶冷蔵2週間

漬け方

1
鍋にAの材料を入れ、ひと煮立ちさせて冷ます。

2
小なすはヘタを切ってガクも除き、水に30分ほどさらし、水けをきる。

3
びんに2をすき間なく詰め、1を注いで青じそでおおい（写真）、冷蔵庫に1日おく。

なすのもみ漬け

材料

なす…180g（2本）
粗塩…小さじ1/2

A
しょうゆ…小さじ2
しょうが（すりおろす）…小さじ1
白いりごま…小さじ1

必要な道具▶保存袋

漬け込み▶冷蔵30分

保存▶冷蔵3日

漬け方

1
なすはヘタとガクを切り落として縦半分に切り、3mm幅に切る。水に5分ほどさらし、ざるに上げる。

2
袋に1を入れて塩を加え、袋をふって塩をまぶし、冷暗所に30分ほどおく（写真）。

3
水けを絞り、Aを加えて混ぜれば、すぐ食べられる。

山形・庄内地方の特産を
手軽に作れるようにアレンジ。
鮮やかな茄子紺に仕上げるために
みょうばんを使います。

小なすのからし漬け

材料

小なす…400g（卵形18〜20個）
焼きみょうばん…小さじ1（1.5g）
粗塩…大さじ1
砂糖…大さじ1
水…300mℓ
A｜酒粕（練り粕）…200g
　砂糖…80g
　粉がらし…15g
　粗塩…15g

必要な道具▶手袋、バット、保存袋、保存容器（1.5ℓ）

漬け込み▶下漬け冷蔵3時間、本漬け冷蔵1日

保存▶冷蔵2週間

a

b

c

d

漬け方

下漬け

1
小なすはヘタ先を切ってバットに入れ、手袋をしてみょうばんをふり、こすり合わせるようにしてまぶす。さらに塩、砂糖をふってこすり合わせる（→p.118手順1〜3）。

2
紫色の汁が出てきたら小なすを袋に移し、分量の水を1のバットに入れてから注ぐ（写真a）。冷蔵庫に3時間ほどおく。

本漬け

3
Aを練り合わせる（写真b）。混ざりにくいときは袋に入れてもむとよい。

4
3の半量を容器に入れてならし、水けをふいた2を並べ、残りの3を上から塗る（写真c）。ラップを密着させ、冷蔵庫に1日おく（写真d）。

★焼きみょうばん
みょうばんはなすに含まれるアントシアニン系色素を安定化させる作用があり、昔からなすの漬け物に使われている。

★なすの種類
なすは地方の在来種が多く、中でも小形で皮がやわらかい品種は漬け物用として各地で受け継がれている。卵形をした山形の民田《みんでん》なすや窪田なす、新潟の十《じゅう》全《ぜん》なすが有名。

小なすの塩漬け

材料

小なす…500g(16本)
焼きみょうばん(→p.117左下)
…小さじ1(1.5g)
粗塩…大さじ1
砂糖…大さじ1
水…200mℓ
青じそ…4〜5枚

必要な道具▶手袋、バット、保存袋、重し(1kg)
漬け込み▶冷蔵1日
保存▶冷蔵1週間

漬け方

1
小なすはヘタ先を切ってバットに入れ、手袋をしてみょうばんをこすりつける。

2
塩、砂糖をふり、転がしてこすり合わせる。

3
紫色の汁が出てくるまでこする。

4
袋に**3**の小なす、青じそを入れ、分量の水を**3**のバットに入れてから袋に移す。

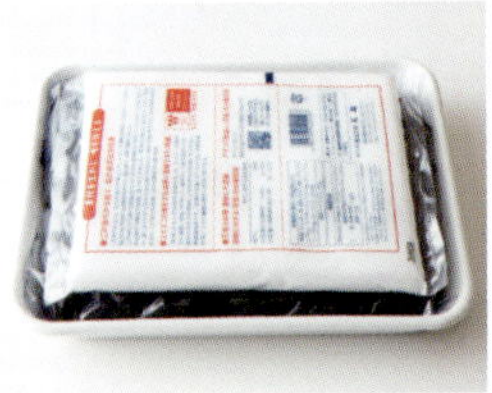

5
重しをし、冷蔵庫に1日おく。

ARRANGE
漬けものずし

すし飯をひと口大ににぎり、縦半分に切った小なすの塩漬け、みょうがの甘酢漬けをのせる。なすには練りからし、みょうがにはごまをのせて。

小なすは皮がやわらかく、
果肉は引き締まって
種が少なく、漬け物に最適。
丸ごと漬けるので
食感が長く保てます。

みょうがならではの
紫色が酢の働きで
色鮮やかに。
かつおのうまみを加えて
甘みを抑えた
甘酢漬けです。
みょうがは
アクが強いので
湯通しが必要。
冷蔵すると
日持ちしますが、
次第にやわらかく
なります。

即席漬け／夏
小なす・みょうが

みょうがの甘酢漬け

材料

みょうが…10個

A 酢…75mℓ
水…30mℓ
砂糖…大さじ3
粗塩…小さじ1

必要な道具▶保存容器（500mℓ）

漬け込み▶冷蔵半日

保存▶冷蔵1か月

a

b

漬け方

1
みょうがは縦半分に切る。

2
鍋に湯を沸かして **1** を入れ、再び沸騰したら10秒ほどゆでてざるに上げる。

3
別の鍋にAを入れて煮立て（写真a）、冷ます。

4
容器に **2** を入れて **3** を注ぎ（写真b）、冷蔵庫に半日おく。

みょうがの土佐酢漬け

材料

みょうが…10個

A 水…100mℓ
酢…大さじ3
砂糖…大さじ1
うす口しょうゆ…大さじ1

削り節…1パック（4g）

必要な道具▶保存容器（500mℓ）

漬け込み▶冷蔵半日

保存▶冷蔵1〜2週間

a

b

漬け方

1
みょうがは縦半分に切る。

2
鍋に湯を沸かして **1** を入れ、再び沸騰したら10秒ほどゆでてざるに上げる（写真a）。

3
別の鍋でAを煮立て、火を止めて削り節を加え、冷ます。

4
容器に **2** を入れて **3** を注ぎ（写真b）、冷蔵庫に半日おく。

みずみずしくて
果肉がやわらかい水なすを、
丸ごと調味料漬けに。
サクッとした口当たりが美味！

水なすの丸漬け

材料

水なす…1個

A 焼きみょうばん
…小さじ1/2（0.7g）
（→ p.117 左下）
砂糖…小さじ1/2
酢…小さじ1/2
本みりん…小さじ1/2
粗塩…小さじ2/3
水…100mℓ

昆布（5cm角）…1枚

必要な道具▶保存袋

漬け込み▶冷蔵1日

保存▶冷蔵5日

a

漬け方

1
鍋にAを入れて煮立て、冷ます（写真a）。

b

2
水なすはヘタを切り落とし、ガクを取る（写真b）。

c

3
袋に2と昆布を入れて1を注ぎ（写真c）、空気を抜いて口を結び、冷蔵庫に1日おく。

d

4
食べるときは、水なすのお尻に切り目を入れて6つに裂く（写真d）。

すぐ食べたいときは
塩けもうまみもある塩麹漬けが一番。
昆布を加えて
より味わい深く仕上げます。

水なすの塩麹漬け

材料

水なす…1個
塩麹…大さじ1
昆布（細切り）…ひとつまみ

必要な道具▶保存袋
漬け込み▶冷蔵1時間
保存▶冷蔵3日

漬け方

1
水なすはヘタを切り落としてガクを取り、縦半分に切り、斜め1cm幅に切る。

2
袋に**1**、塩麹、昆布を入れて混ぜる。

3
空気を抜いて口を結び、冷蔵庫に1時間おく。

★水なす
大阪・泉州地方特産のなすで、丸ごと漬けたぬか漬けが有名。強くにぎると切り口から水がしたたるほど水分が多く、サクッとした歯ざわり。盛夏に出回る。

煮て冷めたら
すぐに食べられます。
ゴーヤーの苦みと
甘じょうゆがなじんで、
カリポリ食べ続けたくなる味。

さっと湯通しすると
ゴーヤーの苦みがやわらいで
食べやすくなります。
梅とかつおの風味でさっぱりと。

ゴーヤーの梅がつお漬け

材料

ゴーヤー…1本(250g)
梅干し(種を除く)…1個
削り節…1パック(4g)
きび砂糖…小さじ2

必要な道具▶なし

漬け込み▶冷蔵30分

保存▶冷蔵3日

漬け方

1
ゴーヤーは縦半分に切り、種とワタをスプーンでこそげ、5mm幅に切る。梅干しは果肉を包丁でたたく。

2
鍋に湯を沸かしてゴーヤーを入れ、再び沸騰したら水に取る(写真)。

3
袋に**1**の梅、削り節、きび砂糖、**2**を入れて混ぜ、冷蔵庫に30分ほどおく。

ゴーヤーの甘じょうゆ漬け

材料

ゴーヤー…1本(250g)
しょうが…1かけ(10g)
A うす口しょうゆ…50mℓ
　酢…50mℓ
　きび砂糖…大さじ2
　赤唐辛子(種を除く)…1本

必要な道具▶なし

漬け込み▶なし

保存▶冷蔵1週間

漬け方

1
ゴーヤーは縦半分に切り、種とワタをスプーンでこそげ、拍子木切りにする。

2
しょうがはせん切りにする。

3
鍋にAを入れて火にかけ、煮立ったら**1**、**2**を入れる(写真)。再び沸騰したら火を止め、冷ます。

味がしみ込むように皮をむいて漬けます。バルサミコ酢のコクでミニトマトの甘酸っぱさが引き立ちます。

甘酒のやさしい甘みがいろいろな野菜の風味をまとめる、ミックスピクルス。青菜以外なら何でもOK。

ミニトマトのバルサミコピクルス

材料

ミニトマト…20個

ピクルス液
- バルサミコ酢…大さじ2
- 水…大さじ1
- はちみつ…大さじ1
- 粗塩…小さじ1/2

必要な道具▶保存容器

漬け込み▶冷蔵半日

保存▶冷蔵1週間

漬け方

1
ミニトマトはヘタを取る。

2
鍋に湯を沸かして**1**を入れ、皮が弾けたら水に取り、皮をむく(写真)。

3
容器にピクルス液の材料を入れてふって混ぜ、**2**を加える。ときどき容器をゆすり、冷蔵庫に半日おく。

甘酒ピクルス

材料

にんじん…1/2本

パプリカ(赤・黄)…各1/2個

セロリ…1本

きゅうり…1本

ピクルス液
- 甘酒(濃厚タイプ)…100mℓ
- 酢…45mℓ
- 粗塩…小さじ1 1/2
- にんにく(つぶす)…1かけ
- ローリエ…1枚

必要な道具▶保存容器(1.5ℓ)

漬け込み▶冷蔵1日

保存▶冷蔵1週間

漬け方

1
野菜は同じくらいの大きさの拍子木切りにする。

2
ボウルにピクルス液の材料を入れて混ぜる。

3
1を**2**に加えて混ぜ(写真)、容器に移して冷蔵庫に1日おく。

青じそのにんにくじょうゆ漬け

材料

青じそ…30枚
にんにく…2かけ
しょうゆ…50mℓ
ごま油…大さじ1

必要な道具▶保存容器(500mℓ)、ラップ

漬け込み▶冷蔵半日

保存▶冷蔵1か月

漬け方

1
青じそは茎を束ねて持ち、水の中で洗う。

2
1を広げ、ペーパータオルで水けをよく取る。にんにくは薄切りにして芽を除く。

3
容器に2の青じそを入れてにんにくを散らし、しょうゆ、ごま油を順にかける。

4
ラップを密着させ、冷蔵庫に半日おく。

ご飯にのせて
クルリと巻いて食べると
最高！
韓国産の粉唐辛子を
少し加えると
キムチ風になります。

しその実の塩漬け

きれいな色も香りも長く楽しめるのが塩漬け。
水にさらして塩抜きして使うこともできます。

材料

青じその実…100g（正味）*
粗塩…20g
*およそ130gの青じその穂から100gの実が取れる。

必要な道具▶手袋、保存容器（500mℓ）
漬け込み▶冷蔵2日
保存▶冷蔵1年

漬け方

1
「しその実のたまり漬け」の手順1～2、4と同様にする（写真）。

2
容器に入れて塩を加えて混ぜ、冷蔵庫に2日おく。

★穂じそ
夏の後半に道の駅やマルシェで見かける穂じそは、刺身のつまにする花つきの穂じそが生長して実をつけたもの。実がまだかたくなっていないものを選ぶとよい。

しその実のたまり漬け

青じその実を漬け物にすると、
長く香りを楽しめます。ご飯や豆腐にのせたり、
すし飯に混ぜたりと大活躍。

材料

青じその実…100g（正味）*
しょうゆ…100mℓ
本みりん…50mℓ
しょうが（すりおろす）…小さじ1
*およそ130gの青じその穂から100gの実が採れる。

必要な道具▶手袋、保存びん（500mℓ）
漬け込み▶冷蔵2日
保存▶冷蔵半年

漬け方

1
青じそは穂先を持って下向きに実をしごく。アクがあるので肌の弱い人は手袋をするとよい。

2
水に浸けてかき混ぜ、土が出なくなるまで2～3回水を替えて洗い、ざるに上げる。

3
鍋にしょうゆとみりんを入れて煮立て、冷ます。冷めたら、しょうがを加える。

4
別の鍋に湯を沸かし、2をさっとゆでてアクを抜き、水に取る（変色防止のため）。ざるに上げて水けをきり、よく絞る。

5
びんに4を入れて3を注ぎ、かき混ぜてから冷蔵庫に2日おく。

れんこんの甘酢漬け

すし飯に混ぜたり、焼き魚に添えたり、利用範囲の広い「酢ばす」。さっとゆでてから漬けます。

れんこんの粒マスタード漬け

ピクルスとは違う、新しい洋風漬けもの。甘酸っぱさの中に粒マスタードがきいています。

れんこんのピリ辛漬け

ラー油やごま油を使った中国風の味わい。れんこんを棒状に切って歯ごたえを楽しみます。

れんこんの甘酢漬け

材料

れんこん…200g
甘酢
　酢…100mℓ
　水…50mℓ
　砂糖…大さじ3
　本みりん…大さじ2
　粗塩…小さじ1
A　昆布(5cm角)…1枚
　赤唐辛子(種を抜く)…1本

必要な道具▶保存びん(500mℓ)
漬け込み▶冷蔵1時間
保存▶冷蔵1か月

漬け方

a

b

c

1
れんこんは皮をむいてごく薄い輪切りにし(写真a)、水にさらし、水けをきる。

2
鍋に湯を沸かして**1**を入れ、再び沸騰して1分したらざるに上げる(写真b)。

3
別の鍋に甘酢の材料を入れて煮立て、冷ます。

4
びんに**2**、Aを入れて**3**を注ぎ(写真c)、冷蔵庫に1時間おく。

れんこんのピリ辛漬け

材料

れんこん…200g
A　酢…大さじ2
　砂糖…大さじ1
　しょうゆ…小さじ2
　粗塩…小さじ1/3
　ラー油…小さじ1
　ごま油…小さじ2
　赤唐辛子(輪切り)…1本分

必要な道具▶保存袋
漬け込み▶冷蔵半日
保存▶冷蔵2週間

漬け方

a

b

1
れんこんは皮をむいて棒状に切り(写真a)、水にさらす。

2
鍋に湯を沸かして**1**を入れ、再び沸騰して1分したらざるに上げる。

3
袋にAを入れて混ぜ、**2**を加えて(写真b)冷蔵庫に半日おく。

れんこんの粒マスタード漬け

材料

れんこん…200g
A　粒マスタード
　…大さじ2
　しょうゆ…大さじ1 1/2
　酢…大さじ2
　はちみつ…大さじ1/2

必要な道具▶保存袋
漬け込み▶冷蔵半日
保存▶冷蔵1〜2週間

漬け方

1　れんこんは皮をむき、3mm厚さの輪切りにして水にさらし、水けをきる。
2　鍋に湯を沸かして**1**を入れ、再び沸騰して1分したらざるに上げる。
3　袋にAを入れて混ぜ、**2**を加えてもみ、冷蔵庫に半日おく。

大きめに切って
カリカリした口当たりを
生かします。
刻んであえものや
サラダの彩りにも。

コリンキーのカリカリ漬け

●材料

コリンキー…1/2個(330g)

A
- うす口しょうゆ…大さじ1
- 本みりん…大さじ1
- きび砂糖…大さじ1
- 粗塩…小さじ1/2
- 酢…大さじ2
- 水…100mℓ

B
- 昆布(5cm角)…1枚
- 赤唐辛子(種を除く)…1本

必要な道具▶保存袋

漬け込み▶冷蔵半日

保存▶冷蔵2週間

●漬け方

1
コリンキーは種とワタをスプーンでくりぬく。

2
皮をむき、5mm厚さのくし形に切る。

3
鍋にAを入れて煮立て、冷ます。

4
袋に2、Bを入れて3を注ぎ、冷蔵庫に半日おく。

材料はコリンキーときゅうり、塩昆布のみ。すぐに食べたいときは、しっかりもみ込んで常温に30分おきます。

コリンキーときゅうりの塩昆布漬け

材料

コリンキー…1/4個（170g）
きゅうり…1本
塩昆布…15g

必要な道具▶保存袋
漬け込み▶冷蔵1時間
保存▶冷蔵5日

漬け方

1
コリンキーは種とワタを除き、皮つきのまま薄切りにする。きゅうりは5㎜厚さの輪切りにする。

2
袋に**1**を入れ、塩昆布を加えてよくもむ（写真a）。

3
空気を抜いて口を結び、冷蔵庫に1時間おく（写真b）。

a

b

★コリンキー
最近、人気があるミニかぼちゃの一種。クセがなく生で食べられることから、漬け物やサラダに使われる。収穫後、保存できるため盛夏から晩秋まで出回る。

きのこのしょうゆ漬け

ごま油の風味が食欲をそそる、
ミックスきのこのいわゆる「なめたけ」。
ご飯や豆腐、うどんにもマッチします。

きのこのオイル漬け

バルサミコ酢のコクと甘みが
きのこによく合うオイル漬け。
パンにのせたり、
パスタをあえたりと大活躍。

きのこのオイル漬け

●材料

きのこ（マッシュルーム、しめじ、エリンギなど合わせて）…400g
にんにく…1かけ
粗塩…小さじ1
A バルサミコ酢…50mℓ
　赤唐辛子（種を抜く）…1本
　ローリエ…1枚
オリーブ油（炒め用）…大さじ2
オリーブ油…100mℓ

必要な道具▶保存びん（500mℓ）
漬け込み▶冷暗所で1日
保存▶冷蔵2週間

a

b

c

●漬け方

1
きのこは石づきを取り、マッシュルームは4つ割り、しめじはほぐし、エリンギは縦横半分に切る。にんにくは縦半分に切り、つぶして芽を除く。

2
フライパンに炒め用のオリーブ油、1のにんにくを入れて弱火にかけ、香りがたったらきのこを加え、中火で炒める（写真a）。

3
しんなりしたら塩をふってAを加え、水分が少なくなるまで3〜4分炒める（写真b）。

4
3が冷めたらびんに入れ、残りのオリーブ油を注ぎ（写真c）、冷暗所に1日おく。

★バルサミコ酢
ぶどう果汁を煮詰めて長期熟成させたイタリア産の酢。酸味はなく、甘み、コク、香り、とろみがある。

きのこのしょうゆ漬け

●材料

きのこ（生しいたけ、えのきだけ、しめじ、エリンギなど合わせて）…400g
A しょうゆ…大さじ1
　本みりん…大さじ1
　酢…小さじ1
　粗塩…小さじ1/2
　赤唐辛子（種を抜く）…1本
　ごま油…小さじ1

必要な道具▶保存容器（500mℓ）
漬け込み▶冷暗所で1〜2時間
保存▶冷蔵2週間

●漬け方

1　きのこは石づきを取り、しいたけは軸ごと4つ割り、しめじはほぐし、エリンギは縦横半分に切り、えのきだけは粗くほぐす。
2　鍋に湯を沸かして1を入れ、再び沸騰して1分したらざるに上げる。
3　2が冷めたら、容器に入れてAを加え（写真）、よく混ぜて冷暗所に1〜2時間おく。

柚子大根

材料

大根…400g
粗塩…12g
（大根の重さの3%）

A
- 砂糖…大さじ4
- 粗塩…1つまみ
- 酢…大さじ1
- 柚子の皮（せん切り）…1個分
- 柚子の絞り汁…大さじ1

必要な道具▶保存袋、重し（1kg）
漬け込み▶冷暗所で1日
保存▶冷蔵1週間

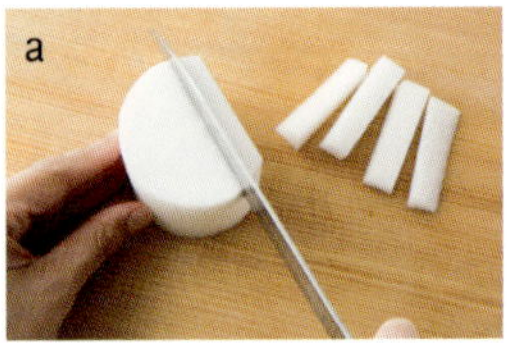
a

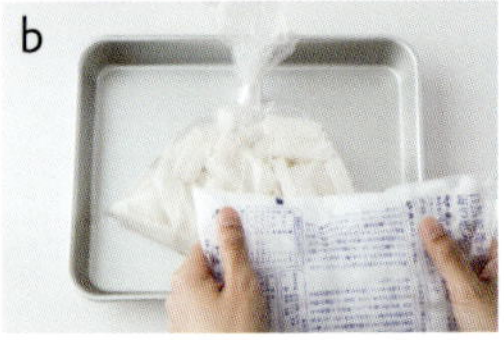
b

漬け方

1
大根は皮をむき、繊維に沿って1×4cmの拍子木切りにする（写真a）。

2
袋に**1**を入れて塩を加え、重しをして冷暗所に1時間おく（写真b）。

3
水けをきり、Aを加えて軽くもみ、冷暗所に半日おく。

大根とゆず、冬の味覚の定番漬けもの。大根は水分が多いので、漬ける前に塩と重しで水けを抜きます。

大根のビール漬け

材料

大根…400g
粗塩…小さじ2

A
- ビール…大さじ2
- きび砂糖…50g
- 粗塩…小さじ1
- 粉からし…小さじ1
- 酢…20mℓ

必要な道具▶保存袋
漬け込み▶冷暗所で1日
保存▶冷蔵1週間

漬け方

1
大根は皮をむき、厚さ1cmくらいのいちょう切りにする。

2
袋に**1**を入れて塩を加え、冷暗所に1時間おく。

3
水けをよくきり、Aを加えて（写真）軽くもみ、冷暗所に半日おく。

ビールの酵母が発酵を助ける、洋風漬けもの。粉からしがぐっと味を引き締めます。

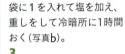

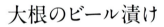

おせちはもちろん、冬の常備菜としても重宝する一品。焼き魚に添えると口がさっぱりします。

大ぶりに切った大根の角が丸くなり、全体がとろんとしたら食べ頃。芯まで味がしみ渡っています。

紅白柚子なます

材料

大根…600g（正味）
京にんじん
（またはにんじん）
…100g
粗塩…小さじ1

A
- 砂糖…60g
- 粗塩…小さじ2
- 酢…大さじ2
- ゆずの皮（せん切り）…1個分
- ゆずの絞り汁…大さじ2

必要な道具▶保存袋
漬け込み▶冷暗所で2時間
保存▶冷蔵2週間

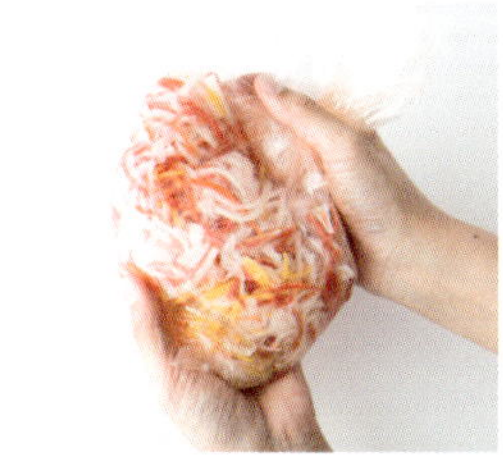

漬け方

1
大根とにんじんは皮をむき、細切りにする。大根はにんじんよりやや太めに切る。

2
ボウルに入れて塩をまぶし、冷暗所に1時間おく。

3
水けをよく絞って袋に入れ、Aを加えて混ぜ（写真）、冷暗所に1時間おく。

大根のみそ漬け

材料

大根…1/2本（600g）
粗塩…12g（大根の重さの2％）
砂糖…24g（大根の重さの4％）
みそ…60g（大根の重さの10％）

必要な道具▶保存袋、重し（600g）
漬け込み▶冷蔵4時間
保存▶冷蔵1週間

漬け方

1
大根は皮をむき、2×4㎝角に切る。

2
袋に**1**を入れて塩、砂糖をまぶし、重しをして冷蔵庫に1時間おく。

3
水けをよくきり、みそを加えて混ぜ（写真）、冷蔵庫に3時間おく。

干し大根の巻き漬け

材料（約36本分）

大根…約15cm
粉がらし…小さじ1
しょうが…20g
A しょうゆ…50mℓ
　酒…50mℓ
　きび砂糖…大さじ$1\frac{1}{2}$

必要な道具▶保存容器（200mℓ）2個

漬け込み▶天日干し10日、冷蔵1日

保存▶冷蔵2週間

漬ける前に
大根を干すのが
手間ですが、
干したからこその
カリカリ感！
手作りする価値が
あります。

漬け方

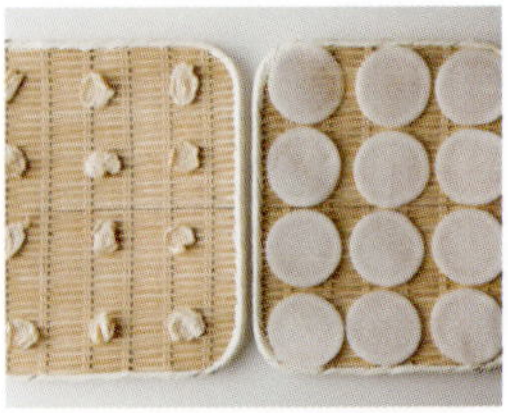

1
大根は皮つきのまま、3mmくらいの薄い輪切り約36枚にする。ざるに並べ（右）、天日に10日ほど干してカラカラにする（左）。夜は室内に取り込む。

2
さっと洗い、ぬるま湯に1〜2時間浸け、やわらかくなったら絞る。

3
鍋にAを入れてひと煮立ちさせ、冷ます。

4
粉がらしはぬるま湯小さじ$\frac{1}{2}$で溶き、10分ほど伏せておき、辛みを出す。しょうがは皮をむき、せん切りにする。

5
2の大根を広げ、半量は手前にからしを塗り、残りはしょうがをのせてそれぞれ巻く。

6
5の閉じ目を下にしてそれぞれ容器に入れ、3を等分に注ぎ、ラップを密着させて冷蔵庫に1日おく。

冬野菜には
ゆずの香りが似合います。
白菜の塩麹漬けに
ゆずの果汁と皮を加えた、
香り高い漬け物。

しびれる辛さの
中国山椒と赤唐辛子に、
熱したごま油を
ジュッとかけるのが特徴。
白菜は軸を使います。

白菜の柚子塩麹漬け

●材料

白菜…200g
塩麹…大さじ1
柚子の皮(せん切り)…適量
柚子の果汁…大さじ1

必要な道具▶保存袋
漬け込み▶冷暗所で30分
保存▶冷蔵2週間

●漬け方

1　白菜は1cm幅に切る。
2　袋に1、残りの材料を入れて軽くもみ、冷暗所に30分ほどおく。

ラーパーツァイ

●材料

白菜の軸…約300g(約1/4個分)
粗塩…小さじ1/2
A｜酢…大さじ3
｜きび砂糖…大さじ2
｜粗塩…小さじ1/2
B｜ごま油…大さじ2
｜赤唐辛子(輪切り)…1本分
｜中国山椒(粒)…小さじ1

必要な道具▶ボウル(耐熱性)
漬け込み▶冷暗所で1時間
保存▶冷蔵1週間

●漬け方

1　白菜の軸の部分は1×4cmの棒状に切り、塩をまぶして30分ほどおき、水けを絞る。
2　耐熱製のボウルにAを入れて混ぜ、1を加えて混ぜる。
3　フライパンにBを入れて弱火にかけ、ゆっくり温度を上げる。香りがたって煙が出始めたら、すぐに2にかけ(写真)、冷暗所に30分ほどおく。

塩をまぶして水分を抜き、
ごまとごま油を加えて
味をなじませます。
かぶの葉が
食感と彩りのアクセント。

アチャールは塩、レモン汁と
スパイスで調味するインド式ピクルス。
鮮やかな色が食欲をそそります。

かぶのごま漬け

材料

かぶ…2個(180g)
かぶの茎…かぶ2個分
粗塩…小さじ1/2
白いりごま…小さじ1
ごま油…小さじ1

必要な道具▶保存袋
漬け込み▶冷暗所で1時間
保存▶冷蔵3日

漬け方

1
かぶは茎を切り落とし、皮をむいてくし形に切る。茎は1cm長さに切る。

2
袋に**1**を入れて塩を加え、軽くもんで30分ほどおき、水けをきる。

3
白ごま、ごま油を加えて(写真)混ぜ、冷暗所に30分おく。

かぶのアチャール

材料

かぶ…2個(180g)
赤玉ねぎ…1/4個
レモン汁…小さじ4
粗塩…小さじ1/2
カイエンペッパー…小さじ1/3
にんにく(すりおろす)…小さじ1/2

必要な道具▶保存袋
漬け込み▶冷暗所で10分
保存▶冷蔵5日

漬け方

1
かぶは皮をむき、縦半分に切って横に薄切りにする。

2
赤玉ねぎは縦に薄切りにし、水にさっとさらし、水けをきる。

3
袋に**1**と**2**を入れ、レモン汁、塩、カイエンペッパー、にんにくを加え(写真)、軽くもんで冷暗所に10分おく。

やさしい味の水菜に
わさびの辛みと
昆布のうまみを足して。
漬け物にすると1束が
ペロリと食べられます。

水菜のわさび風味漬け

材料

水菜…200g
塩昆布…10g
練りわさび…小さじ1

必要な道具▶保存袋
漬け込み▶冷暗所で10分
保存▶冷蔵3日

漬け方

1
水菜は2～3cm長さに切り、塩昆布は1cm長さに切る。

2
袋に**1**、わさびを入れて(写真)軽くもみ、冷暗所に10分ほどおく。

アクがなくて
生で食べられる小松菜は
漬けもの向き。
調味料のバランスが
うまみを生みます

小松菜のうまみ漬け

材料

小松菜…200g
しょうゆ…小さじ4
酢…小さじ2
きび砂糖…小さじ4
昆布(細切り)…5g
赤唐辛子(種を除く)…1本

必要な道具▶保存袋
漬け込み▶冷暗所で1時間
保存▶冷蔵3日

漬け方

1
小松菜は5～6cm幅に切る。

2
袋に**1**を入れ、残りの材料を加えてもみ(写真)、冷暗所に1時間ほどおく。

漬けて作る、自家製調味料

香味野菜や香辛料を漬けて作る、とびきり風味のよい調味料です。
これさえあれば、旬の香りや味わいが一年中楽しめます。

実山椒漬け3種

シャープな香りとしびれるような辛みがある若い実山椒を
3種類の調味料に漬け込むと、1～2週間で風味が浸出します。
和洋中ジャンルを問わず、味つけに大活躍。

炒めものに

豚バラ肉を炒めて脂を出してから長ねぎを炒め合わせ、しょうゆ漬けの実としょうゆで味つけします。

✚ そのほかに、漬けたしょうゆを冷ややっこやドレッシングに。加熱する料理には実も一緒に使います。

ソースの風味づけに

鮎をソテーして器に盛ったら、フライパンに山椒の塩漬けとバターを入れてソースを作り、鮎にかけます。

✚ そのほかに、ちりめんじゃこと煮てちりめん山椒に。赤唐辛子のように使った山椒ペペロンチーノも美味。

豆腐田楽に

漬けたみそに砂糖、本みりんを混ぜて山椒みそを作り、水きりしたもめん豆腐の串焼きに塗って実を飾ります。

✚ そのほかに、みそをマヨネーズやバターに混ぜてディップに。実は粗く刻んで麻婆豆腐のトッピングに。

実山椒のみそ漬け

材料

下ごしらえした実山椒…100g
A｜みそ…300g
　｜本みりん…大さじ2

必要な道具▶保存容器(500mℓ)、お茶パック
漬け込み▶冷蔵2週間
保存▶冷蔵1年

漬け方

1　Aを混ぜ合わせて半量を容器に入れてならす。
2　実山椒をお茶パックに詰めて**1**にのせ、残りのみそで覆い、冷蔵庫に2週間おく。

実山椒の塩漬け

材料

下ごしらえした実山椒…100g
粗塩…10g

必要な道具▶保存びん(200mℓ)
漬け込み▶冷蔵1週間
保存▶冷蔵1年

漬け方

清潔なびんに実山椒を入れ、塩を加えてまぶし、冷蔵庫に1週間おく。

実山椒のしょうゆ漬け

材料

下ごしらえした実山椒…100g
しょうゆ…100mℓ

必要な道具▶保存びん(500mℓ)
漬け込み▶冷蔵10日
保存▶冷蔵1年

漬け方

清潔なびんに実山椒を入れてしょうゆを注ぎ、冷蔵庫に10日おく。

実山椒の下ごしらえ

ていねいに1粒ずつ実をはずすのは、
時間と根気がいる作業です。
アクが強いので肌が弱い人は手袋をつけましょう。

1
小さめのハサミで実をつけ根から切り、さっと洗う。アクで爪が黒くなるが、手でもはずせる。

2
沸騰湯に塩1つまみを加え、**1**を5〜6分ゆでる。目安は指でつぶせるようになるまで。

3
水に取り、1時間以上さらす。味見をして適度な渋みと辛みが残る程度がよい。

4
水けをきり、ペーパータオルで水を取る。

★実山椒
5月〜6月に出回る、山椒の未熟な実。一般的な品種(写真右)と、房になったぶどう山椒(写真左)とがある。外皮の中の実がまだ白い未熟なものはやわらかい。しびれるような強い辛みがあるが、水にさらす時間を長くするとやわらぐ。

柚子こしょう

夏の恵み、青柚子と青唐辛子の塩漬けが柚子こしょうです。
フードプロセッサーで一気に作る簡単なレシピを紹介します。
さわやかな香りと鮮烈な辛みは、手作りだけの美味！

トッピングに

意外な組み合わせですが、バニラアイスクリームと柚子こしょうは最高の相性。ココアなどに加えると甘みが引き立ちます。

鍋ものの薬味に

柚子こしょう発祥の地、九州から広まって今では全国的に鍋ものの薬味として愛用されています。特に鶏の水炊きには欠かせません。

✚ そのほかに、うどんやラーメン、焼き鳥、刺身、ステーキの薬味に。サラダやカルパッチョのドレッシングに加えたり、クリーム系スパゲッティの隠し味に使うのもおすすめ。餃子のたれを酢＋柚子こしょうにするとさっぱりします。

柚子こしょう

●材料

青柚子…180g(2〜3個)
青唐辛子…30g(9〜10本)
粗塩…12g

必要な道具▶手袋、フードプロセッサーまたはすり鉢、保存びん(100mℓ)

漬け込み▶なし

保存▶冷蔵半年、冷凍1年

●漬け方

1
手袋をし、青唐辛子のヘタを切り落とす。縦半分に切って種をしごいて除き、小口切りにし、20gを使う。

2
青柚子は白いワタを少しつけて皮をむき、みじん切りにし、40gを使う。ワタを少し入れるとしっとり仕上がる。すりおろしてもよい。

3
フードプロセッサーに**1**と塩小さじ1を入れて軽く混ぜる。

4
2と残りの塩を加えて混ぜ合わせる。すり鉢でする場合も同様にする。

●色を保つには冷凍

柚子こしょうはびんに入れ、冷蔵庫で保存する。作りたて(左)の色は3日後(右)には褪せるので、鮮やかな色を保ちたいときは小分けしてアルミホイル、ラップで二重に包んで冷凍する。

★青柚子
柚子は未熟なうちは緑色で冬になると黄色くなる。青柚子の皮は清涼感のあるさわやかな香りがする。

★青唐辛子
未熟な唐辛子は緑色で熟すと黄色や赤になる。青唐辛子はスキッとした強烈な辛みが特徴。皮を刻むより、おろし金ですりおろすとさらに辛くなる。

刻み塩レモン

刻んで漬けるとすぐ使えて便利。
魚や肉のソテー、ホイル蒸し、
カルパッチョやサラダによく合います。

材料

レモン（国産無農薬）…1個（100g）
粗塩…15g（レモンの重さの15%）

必要な道具▶保存びん（250mℓ）
漬け込み▶冷暗所で1日
保存▶冷蔵3か月

漬け方

1　レモンは塩（分量外）を皮にすりつけて汚れを落とし、洗って水けをふく。
2　5mm幅の輪切りにして種を除き、5mm角に切る（写真）。
3　びんに**2**と塩を入れて混ぜ、冷暗所で1日おく。

青唐辛子のナンプラー漬け

タイ料理に限らず、麺類やチャーハンに
かけると辛みとナンプラーのうまみで
味が引き締まります。

材料

青唐辛子…30g
ナンプラー…120mℓ
本みりん…30mℓ

必要な道具▶手袋、保存びん（250mℓ）
漬け込み▶冷蔵1日
保存▶冷蔵3か月

漬け方

1　手袋をし、青唐辛子はヘタを切り、小口切りにする（写真）。
2　びんに**1**、ナンプラー、本みりんを入れてふり混ぜ、冷蔵庫に1日おく。

にんにくのみそ漬け

1週間ほどおくとみそに風味が移ります。にんにくは刻んで炒めものに、
みそはマヨネーズやあえ衣に混ぜたり、汁ものの味のアクセントに。
もちろん滋養強壮のために粒のまま食べても。

漬け方

1
にんにくは薄皮をむき、沸騰した湯に10秒浸して引き上げる。こうすると刺激がやわらぎ、漬かりがよくなる。

2
ボウルにみそを入れてみりんを加えてのばし、**1**を混ぜる。

3
びんに入れて冷蔵庫に1週間おく。粒のまま食べるなら1か月以上おくとよい。

材料

にんにく…100g
みそ…100g
本みりん…50mℓ

必要な道具▶保存びん（500mℓ）
漬け込み▶冷蔵1週間
保存▶冷蔵半年

舘野真知子　たての　まちこ

料理家、管理栄養士。栃木で八代続く専業農家に生まれる。管理栄養士として病院に勤務後、2001年アイルランドの料理学校「Ballymaloe Cookery School」に留学。校長ダリーナ・アレンの“生産者を尊重する”“素材を生かす料理をする”姿勢に共鳴し、自らも信条とする。帰国後はメディアなどで活動した後、レストラン「六本木農園」の初代シェフを務め、現在は料理家として発酵料理をキーワードに料理の楽しさや食べることの大切さを、栄養、料理、文化を通して伝える活動をしている。

https://www.machiko-tateno.com

撮影　邑口京一郎

ブックデザイン　若山嘉代子　若山美樹(L'espace)

料理アシスタント　池田美穂子　高野 忍

校正　堀江圭子

編集制作・スタイリング　野澤幸代(MILLENNIUM)

企画・編集　川上裕子(成美堂出版編集部)

撮影協力

雨余花(風間麗子　綱川明子　風間 寛　風間麻衣子)
www.uyoka.com/

星硝株式会社　www.seisho.co.jp/

Special Thanks

I.G.S(水なすなど)、阿部キエ子(白うり)、池田義信・ナリ子(高菜)、臼田節子(野沢菜)、太田聡子(はやとうり)、北裏力慈(実山椒)、舘野正義・幸子(ぶどう、きゅうり、しその実など)、二葉美智子(南高梅・小梅)、水田かおり(新しょうがなど)、見元一夫(新しょうが)、わさびの門前(葉わさび)

きちんとおいしく作れる漬け物

著　者　舘《たて》野《の》真《ま》知《ち》子《こ》

発行者　深見公子

発行所　成美堂出版
〒162-8445　東京都新宿区新小川町1-7
電話(03)5206-8151 FAX(03)5206-8159

印　刷　TOPPANクロレ株式会社

©SEIBIDO SHUPPAN 2017　PRINTED IN JAPAN

ISBN978-4-415-32174-5

落丁･乱丁などの不良本はお取り替えします
定価はカバーに表示してあります

•本書および本書の付属物を無断で複写、複製(コピー)、引用することは著作権法上での例外を除き禁じられています。また代行業者等の第三者に依頼してスキャンやデジタル化することは、たとえ個人や家庭内の利用であっても一切認められておりません。